発達が気になる乳・幼児の

こころ育て、ことば育て

子どもを育む話100選

有川 宏幸 著

はじめに

　いつになったら、この子は話しだしますか？　ほかの子はみんな話しているのに……。

　発達相談員という仕事に就いて、はじめて担当した１歳６ヵ月児健康診査で、いきなりこのような問いを投げかけられました。後に明らかになったことなのですが、この子は、重度の自閉スペクトラム症を抱えていました。結局、就学を迎えても発語を聞くことはありませんでした。

　「いつになったら、歩きますか？」。この問いを投げかけてきたのは、医師から、「この子は、この先も、歩くことはできません」と説明を受けていた母親でした。

　「いつになったら話しますか？」「いつになったら歩けますか？」。この問いを10数年の間、聞き続けました。

　「いつ」その時が来るかは、実はよくわからないのです。でも、その「いつ」を知りたいのが親心なのです。できるだけ、発達には道筋があることを詳しく説明するよう努めてきました。親御さんたちは、納得はしていないけれど、とにかく「話せるように」「歩けるように」頑張ろうとするのです。

　育児書では、「１歳になると、歩行が始まります」「発語が現れます」といった「物差し」だけを示します。その「物差し」の通りに発達しているかどうかで、一喜一憂するのも親心です。その通りに発達していれば安心し、そうでなければ不安になる。

　そして、時を同じくして、私も二人の息子の親になりました。そこには発達の道筋を気にしながら、その通りに進んでいなければ焦り、教科書通りの発達をしていると安心している自分の姿があったのです。少しでも歩行が遅れようものなら、焦りは募って

いくばかり。こんなことが、長男が２歳になるまで続きました。

　なぜ、私は「物差し」ばかり気にしているのだろうか。そう自分に問いかけてみました。線路の上を走っているのかどうか、その不安を煽っているのは、一体誰だろう。発達の「物差し」に縛られてしまうのはなぜだろう。

　その答えは、自分のような、決まったことしか知らない専門家の存在であり、育児書の類なのです。何かを変えていかなければと、この頃から本気で模索することになりました。

　もっと子どもの変化に感動したり、驚いたりする経験はできないものだろうか。誰もが気軽に発達を促せる方法はないだろうか。もっと子育てを楽しめる発達相談はできないものだろうか。そればかりを探求する日々が続きました。

　そして気がつきました。ヒントは学術書や論文といった類のものの中に眠っていたのです。これらは、普通に子育てをしている親や、保育士にはあまり縁のない世界です。でも、発達心理学の数々の研究には、驚きや感動がいっぱい詰まっています。これらをもっとわかりやすいことばで、身近な出来事として説明できないものか。そう考えるようになりました。

　もちろん、現実から目を背けさせることはかえって罪です。厳しい現実に向かい合わねばならないこともあります。でも、子どもの可能性を伸ばす、エビデンス（証拠）のあるアプローチも数多く存在します。これらを家庭でもできる内容にしてアドバイスをすれば、日々の生活の中でも実践できるかもしれない。そう考えました。

　本書は、そんな私の十数年にわたる発達相談の中身を、90のお話と10のコラムでまとめ、再現してみたものです。

発達が気になる乳・幼児の
こころ育て、ことば育て
子どもを育む話 100 選

目　次

はじめに ……………………………………………………… 2

第 1 章　乳児編 …………………………………… 9
　1　おなかの中でも、ママの声を聴いています ……… 11
　2　言葉を届ける話し方 ………………………………… 13
　3　20㎝の出会い ………………………………………… 14
　4　ママはこっちで、パパはこっち …………………… 15
　5　「舌出し」をマネる？ ……………………………… 17
　6　「泣く」のが仕事 …………………………………… 19
　　コラム 1　揺さぶられっこ症候群 ………………… 21
　7　生活リズムを作る …………………………………… 23
　8　子守唄 ………………………………………………… 24
　9　顔をのぞいてお話ししましょう …………………… 25
　10　赤ちゃんの反応 ……………………………………… 26
　11　マネ合戦 ……………………………………………… 28
　12　乳児の遊びのコツ …………………………………… 29
　13　聞き分けるチカラ …………………………………… 30
　14　一緒に話すこと、一緒に遊ぶこと ………………… 32
　15　赤ちゃんの気持ち …………………………………… 35
　16　感情に触れる、感情を伝える ……………………… 36

17	顔色をうかがう？	37
18	赤ちゃんは、大げさなのがお好き	39
19	遊びのススメ	40
20	マンネリ遊び、新ネタ遊び	42
21	モノマネのススメ	44
22	喃語に応じる	45
23	「もの」とのかかわり	46
24	食べる	49

コラム2　乳児期前・後期健康診査 ……………… 51

25	ちょうだいな	53
26	バイバイ	54
27	これは何？？	56
28	人見知り	57
29	抱っこして	59
30	かくれんぼ	60

コラム3　発達検査 ……………… 63

第2章　幼児編【前編】 …… 65

1	お散歩のススメ	67
2	見せびらかしの心	69
3	指先の向こうにあるもの	70
4	叙述の指差し　その1	71
5	「共同注意」と「ことば」	73
6	空間の共有	75
7	叙述の指差し　その2	76
8	マネっこ	78

9	ことばの誕生	79
10	猫でも「ワンワン」	82
11	絵本を読む	83
12	お鼻はどこだ？	84
13	"トーマ"はどこだ？	85
14	マネをしない！？　その1	86
15	マネをしない！？　その2	89
16	あんよ、あげて	91
コラム4	**自閉スペクトラム症**	93
17	はじめてのお使い	95
18	ちがうよ！	97
19	「動き」は消える！？	98
20	お手伝いのススメ	99
21	みたて遊び・ごっこ遊び	100
22	二語文	102
23	もっとちょうだい	103
コラム5	**絵カード交換式コミュニケーション・システム**	106
24	とけあうことば	108
25	自立する力	109
26	じょうずに話せない	110
27	お絵描き	112
28	叱る、怒る	113
29	いや！、いや！	116
コラム6	**応用行動分析学**	118
30	動物園は臭い！？	121

第3章　幼児編【後編】 ……………………… 123
1　「楽しかったね」「うれしかったね」「残念だったね」… 125
2　お風呂で話そう ……………………… 127
3　自分の話ばかりする子 ……………… 128
4　質問しすぎ、注意 …………………… 129
5　買い物に行くということ …………… 131
6　日常に転がる「かず」 ……………… 132
7　上手に発音できない ………………… 135
コラム7　選択性緘黙症 ……………… 138
8　利き手と矯正 ………………………… 140
9　生活の見通しを立てる ……………… 141
10　「曖昧」はトラブルを生む ………… 142
11　挨拶・お礼は大人から ……………… 143
12　「ごめんなさい」より大切なこと … 144
13　こまった行動をしてしまう子 ……… 146
コラム8　注意欠如・多動症 ………… 150
14　便利な社会の代償 …………………… 152
15　簡潔に伝えること …………………… 153
16　伝言お手伝い ………………………… 154
17　話題のツボ …………………………… 155
18　表情理解遊び ………………………… 157
19　お金を使ってみる …………………… 158
20　分からないから教えて ……………… 161
21　ゴッコ遊びの世界 …………………… 162
22　絵本を読んでみる …………………… 164
23　しりとり遊び ………………………… 166

24	さかさことば遊び	………………………	167
25	"た"ぬきことば遊び	………………………	168
26	じゃんけんことば遊び	………………………	168
27	なぞなぞ遊び	………………………	169

コラム9　多層指導モデル ……………………… 172

| 28 | 「やれた、できた」を育てる | ……………………… | 176 |
| 29 | 青い折り紙1枚、赤い折り紙は2枚 | ……………… | 178 |

コラム10　限局性学習症 ……………………… 180

| 30 | もうすぐ1年生 | ……………………… | 182 |

参考文献
おわりに

第1章
乳児編

馬の出産シーンを、テレビなどでご覧になった人も多いのではないでしょうか。命の誕生の瞬間は、生きとし生けるもののすべてに共通して、感動的です。生まれて30分もすると、仔馬はプルプルと震える細い足で懸命に立ち上がります。そしてヨロヨロしながらも、お母さんのおっぱいまで自力で辿り着きます。

　一方、生まれて間もない、人の赤ちゃんはどうでしょう。一人ではママのおっぱいまでたどり着けません。自分の力で食べ物に手を伸ばし、上手に口に運べるようになるには、生まれてから1年程の時間が必要です。

　また、自力で移動する力も持っていません。人は二足歩行で移動します。赤ちゃんが自分の力で立ちあがり、この二足歩行を始めるには、やはり1年以上の時間が必要となります。

　つまり、人の赤ちゃんは何年もかけて生きていくために必要なことを、大人から教わりながら獲得していくことになります。「教える」「教わる」。この営みこそが、人と他の動物の間で大きく異なるところなのですね。

　すやすや眠っている赤ちゃんを見てください。見るからに無力です。「教える」にしても、それを理解する「耳」も、「目」も、とても「教わる」状態にはないように見えます。ママのことや、パパのことすら「まだ何もわかっていない」、そんな存在にも見えます。

　さて、本当にそうなのでしょうか。本書をしばらく読み進めてみてください。きっと、赤ちゃんが既にそなえている様々な能力に驚くことでしょう。

おなかの中でも、ママの声を聴いています

　赤ちゃんは、いつ頃からママやパパのことを、「あっ、ママだ」「これはパパだな」とわかるようになるのでしょうか？　ある研究によると、生後間もなくママ以外の女性の声よりも、ママの声を好むことがわかっています。

　そこでママに出生前の数週間、おなかの中にいる赤ちゃんに向かって、あるお話を繰り返し読んでもらいます。そして出生後に、他のお話と、おなかの中で繰り返し聞いていたお話を聞かせます。すると、赤ちゃんは、おなかの中で繰り返し聞いていた方のお話を好んで聞く傾向がありました。

　この結果から、赤ちゃんは、おなかの中にいる時から、ママが話していることを、ちゃんと聞いているのではないかと考えられています。そして、生まれてきた時には、「これはママの声だ」と分かっているようなのです。

　それではパパの声はどうなのでしょうか？

　残念ながら、生まれて間もなくは、赤ちゃんには、パパと他の男の人の声の区別はついていないようです。さすがに羊水の中では、話し声の違いまでは、はっきりとは聞き分けられないのですね。それでも、生後2週間を過ぎる頃にはパパがあやした方が、他の男性があやすよりもなだめやすいことが分かっています。これは、赤ちゃんが、パパとそれ以外の人の区別をつけられるようになったからだと考えられています。

　何もわかっていないように見える赤ちゃんですが、ちゃんとわかっているのですね、ママのこと、パパのことを。

この声は誰？

コマ1
- こんにちは
- おっ、この声はママだ

コマ2
- こんにちは
- だ、誰??

コマ3
- おむつ替えまちゅよ〜
- ……

コマ4 2週間後
- パパでちゅよ〜
- おう、パパか

❷ 言葉を届ける話し方

　赤ちゃんのあどけない姿を見ていると、思わず話しかけたくなります。

　「ご機嫌でしゅねぇ……、うれしいぃ〜のぉ」「ちっちぃしたの〜、ばぁばがオムツかえましょうね〜」「お〜お〜だっこしてほしいか？……、そうか、よぉ〜し、じいじがだっこしてあげよぉ〜」「もうおねむかなぁ〜、ねんねしようか〜」etc……。

　私たちは老若男女問わず、赤ちゃんに話しかける時だけ、ある共通した特徴を持つ話し方をしています。声のトーンは通常の話し方よりも高くなり、抑揚のはっきりした、それでいて優しく、ゆったりと語りかけます。さらに「マンマ」など反復が多いことも特徴です。話しかけるタイミングも、まるで赤ちゃんからのメッセージが聞こえているかのように絶妙です。

　このような特徴を持つ話し方を「育児語（motherese）」といいます。育児語で話すと、赤ちゃんの注意は話し手の方に向きやすく、好んでこれを聞くことが分かっており、赤ちゃんの言葉の発達に、重要な役割を果たしていると言われています。大人は赤ちゃんの注意が向きやすい、特徴的な話し方をすることで、言葉を届けようとしているのですね。それも知らず知らずのうちに。

　不思議なことに赤ちゃんは、自分の要求や気持ちを、実際には何もことばにしていません。にもかかわらず、大人はまるで赤ちゃんのことばを聞いて、それに答えているかのように、話しかけます。

　赤ちゃんの心の声が、どこからか聞こえてくるのでしょうか。

❸ 20cmの出会い

　赤ちゃんを抱っこしてみましょう。まだまだ小さく、弱々しい存在ですが、赤ちゃんに、ママの顔、パパの顔はどのように見えているのでしょうか？

　実は、赤ちゃんの目はまだモノが、十分に見える状態にはありません。視力にすると0.01くらいと言われています。これは、見たものにピントを合わせる、レンズの役割を果たしている水晶体の調整が、十分にできず、一定の距離に焦点が合った状態になっているからと言われています。

　したがって、一定の距離以外については、ぼやぁ〜っとした感じになっていると考えられています。それでは、焦点が合っているという距離はどのくらいなのでしょうか。その距離が、だいたい20cmから30cmくらいと言われています。

　さて少し話は変わりますが、再び胸の前で普通に抱っこした状態で、赤ちゃんの顔を見てみましょう。この時、ママやパパの顔から、赤ちゃんの顔までの距離を測ってみます。多少の個人差はありますが、偶然にもだいたい20cmから30cmになります。この距離が、実はとても重要な意味を持っていることがお分かりになるでしょう。

　抱っこされた赤ちゃんには、ママやパパの顔が比較的よく見えているということになります。

　何気ない抱っこも、赤ちゃんにとっては、大事な人と出会うための大切な営みなのですね。

　赤ちゃんを抱きながら想像してみてください。

赤ちゃんの瞳に映っているママ、パパの顔、優しい顔ですか？ 笑った顔ですか？　それとも仕事で疲れた顔ですか？

❹ ママはこっちで、パパはこっち

　ママとママ以外の人の声を、既に聞き分けている赤ちゃんですが、ママの顔が分かるのに、どのくらいの時間がかかると思いますか？　さすがに生まれる前から既にママの顔を知っているとなれば、それは眉唾モノですが……。

　生後２、３日もすると、赤ちゃんはママの顔と、見知らぬ女性の顔が並んで目の前にあった場合、ママの顔をじっと見つめる時間が、見知らぬ女性をジッと見つめる時間よりも長くなることが分かっています。どうやら、よく目にしているママのことを、見知らぬ女性と区別しているようなのです。

　ところが、見知らぬ女性に、ママの髪型と同じカツラをかぶせて赤ちゃんの前に並んで見せるとどうなると思いますか？　なんと、ママの方をより長く見る傾向はなくなってしまいました。どちらがママかわからなくなってしまうようです。

　つまり、ママの目鼻立ちを手掛かりにしていたのではなく、髪型を手掛かりにして、赤ちゃんはママであるかどうかを区別しているようです。

　いずれにしても、生後たったの数日で、目の前に広がる世界のことをどんどんと取り込んでいます。

　その後、３ヵ月もするとママ、パパの顔と声を認識します。マ

この髪型は…誰？

マとパパが黙って並んでいる、そのちょうど真ん中にスピーカーを置きます。そして、録音しておいたママとパパの声だけを流します。すると、ママの声が聞こえた時にはママの顔を、パパの声が聞こえた時にはパパの顔をジッと見るようになります。

❺「舌出し」をマネる？

　生まれて間もない赤ちゃんは、寝たり、起きたりを繰り返します。
　夜に寝て、朝に起き、昼間まとまった時間起きているという生活リズムができあがるには、もう少し時間がかかります。
　そうなると目覚めている時間は、赤ちゃんとコミュニケーションがとれる、貴重な時間です。赤ちゃんの顔をのぞき込んで「いない、いない、ばー」をしたり、「あば、ば、ば、ばぁ～」とあやしたり。でも、赤ちゃんの反応はいたってクールです。キャッキャと大喜びするわけでもなく、微妙に変なズレがあってから、時折「あ～」「う～」という返事（？）があったり。
　これでは、大人の働きかけに応じているのか、それともまったくお構いなしなのかは、よくわかりません。それはそうですね、ママのおなかの外のことをまだよく知らないのですから。
　ところがです。赤ちゃんがジィっと大人の顔を見つめている時に、ゆっくりと舌を出したり、引っ込めたりしてみます。しばらくすると、赤ちゃんはそれをマネするかのように自分の舌を出したり、引っ込めたりします。これを「新生児模倣」といいます。

新生児模倣

これを「模倣」と呼んでよいかは、専門家の間でも意見は分かれますが、最近では、人の心を推測する社会的能力の発達に関係しているのではないかと言う研究者もいます。真相は定かではありませんが、発達上、重要な意味があることは間違いなさそうです。
　新生児模倣は、生後2ヵ月もすると消えてしまいます。なぜ消えてしまうのか、その理由も分かっていません。

❻「泣く」のが仕事

　スヤスヤと眠る赤ちゃんは、まるで天使です。ところが、ひとたび泣きだせば、さぁ大変。時にはオムツを替えたり、ミルクを飲ませたりしても、なかなか泣き止まないこともしばしばです。こんな時間が続くと、ママやパパの方が泣きたくなってきますね。
　さて、赤ちゃんにとって「泣く」とはどのような意味があるのでしょう。
　一つは、要求をかなえてもらう手段としての「泣く」があります。「おなか空いたよ」「もう眠いよ」「暑いよ」「寒いよ」など、いろんな要求を「泣く」だけで伝えます。普段見られない激しい「泣く」が続く場合は、高熱が出ているということもあるでしょう。
　赤ちゃんが泣いたら、なんとしても止めさせなければならないものなのでしょうか。実は、泣くことは赤ちゃんがこの先、生きていくための大切な「エクササイズ」という役割もあると言われています。「えっ、赤ちゃんがエクササイズ！？」と思うかもしれませんね。

赤ちゃんは、ママのお腹の中にいた時は、肺呼吸をしていませんでした。でも、お腹の外で生きていくためには、肺呼吸をしなければなりません。そこで、赤ちゃんは、大きな声で泣き続けることで、肺呼吸のエクササイズをしなければならないのです。つまり「泣く」ことは、生きていくための大切な「お仕事」でもあるのですね。

　「とにかくよく泣く」というこの「お仕事」も、生後２ヵ月頃までがピークと言われており、その後は徐々に減少し、半年ほどで落ち着いてきます。

　厚生労働省は、DVD「赤ちゃんが泣きやまない―泣きへの対処と理解のために」をYou Tubeで公開しています。

　(http://www.mhlw.go.jp/stf/houdou/0000030718.html)

 ## コラム1　揺さぶられっこ症候群

　赤ちゃんが泣きだすと、通常私たちは自然と赤ちゃんを抱っこして優しく揺らしながらあやします。生後2ヵ月から3ヵ月頃はまだ首がすわっていませんので、この時期の抱き方は、頭に手を添えて優しく揺らすことが必要です。

　しかし、育児の経験もなく、様々なサポートが得にくい現代社会においては、育児も孤立しがちです。なかなか泣き止まないことで、だんだんと不安も大きくなります。育児疲れの時に、いつまでも赤ちゃんが泣き止まないと、段々とイライラも積もってきます。そんな時、赤ちゃんを泣き止まそうと発作的に激しく揺さぶってしまう。

　首もすわっていない時期の赤ちゃんにとって、この激しい揺さぶりは、脳へ直接的なダメージを与えます。その結果、様々な障害に至ってしまうことがあります。また最悪の場合、死に至ってしまうこともあります。このような状態に至ってしまった子どもを**「揺さぶられっこ症候群」**(Shaken Baby Syndrome) といいます。

　もし、激しい揺さぶりの後、ぐったりしていたり、痙攣が見られたり、あるいは呼吸の異常などの症状が見られた場合は、直ちに医師の診察が必要です。

　実際、揺さぶられっこ症候群は、育児についての知識の不足や、過度の育児不安、育児疲れなどを引き金にしており、**児童虐待**の一つと考えられています。

児童虐待は、育児サポートの不足や育児知識の不足が招くものです。もしかしたら自分もこうした行為に至ってしまうかもしれないと不安になったら、地域の保健センターに育児に関する相談に乗ってくれる保健師がいます。そこにまずは相談してみてください。

　気軽に相談とは行きにくいかもしれませんが、育児は孤立や孤独の中ではできないものなのです。ママやパパのこころが壊れてしまう前に、勇気を出して相談をする、支援を求める気持ちを持たなければなりません。それが揺さぶられっこ症候群を防ぐ、ひいては児童虐待による悲劇をなくすことに繋がるのです。

7 生活リズムを作る

　生後３ヵ月から４ヵ月頃までは、睡眠リズムがなかなか安定しません。赤ちゃんは夜中であろうが、明け方であろうが２、３時間ごとに泣いては、ママやパパを起こします。一度、赤ちゃんが泣きだせば、ミルクを飲ませたり、強烈な睡魔に襲われる中であやしたり……。こんな毎日が続くと、イライラや、家事や仕事でうっかりミスが続くなんてこともあります。ゆっくり眠れる日が待ち遠しいでしょう。

　さて、現代社会は夜型の生活と言われています。コンビニエンスストアは24時間開いており、いつでも買いものができ、とっても便利です。テレビやパソコンでは、真昼の様な光と、賑やかな音が一晩中流れています。時間が経つのも忘れ、気がつけば夜中の12時をとっくに回っていなんてことはありませんか？

　この夜型生活が、実は子どもの身体の成長や、情緒の発達に悪影響を及ぼしています。まずは、私たちの夜型生活の見直しが必要なようです。

　人間の脳は、暗くなるとメラトニンというホルモンを分泌します。すると、眠気がやってきます。朝、太陽の強い光を浴びると、メラトニンの分泌も止まり、それにより身体は目覚め、活動を開始できます。

　赤ちゃんの脳も、規則正しい生活の中にあって、一定のリズムを作り上げることができます。夜は、早めに強い光を放つゲームやテレビ、携帯電話、そして室内灯を消しましょう。そして朝起きたら、そのままカーテンを開け、太陽の光を浴びてみませんか。

8 子守唄

「ゆりかごの歌を♪カナリアが歌うよ♪」(作詞：北原白秋　作曲：草川信)。童謡「ゆりかごの歌」は、子育ての中でも比較的よく歌われる子守唄だそうです。

でも、学校で唱歌や合唱曲を歌ったり、友達や同僚とカラオケでJ-POPのヒット曲を歌ったりすることはあっても、人前で子守唄を熱唱！？することはまずなかったのではないでしょうか。素敵な子守唄は、世の中にいっぱいあるのに、なぜなのでしょう。

さて、私たちはどのような場面で、赤ちゃんに子守歌を歌って聞かせているのでしょうか。多くは赤ちゃんを寝かしつける時や、ぐずった時に歌ってあげているようです。この場合の歌い方の特徴は、どちらかというとゆったりとしたテンポで、音も若干高くなる傾向があります。他にも、おむつを替える時や、お風呂に入る時などに"自作の歌"を歌うなんてこともあるようです。

それでは、同じ子守唄を大人に対して歌った場合と、赤ちゃんに対して歌った場合では、私たちの歌い方はどのように変わるのでしょうか。実は、赤ちゃんに向けて歌う時は、無意識に歌のテンポを遅くする傾向があることが分かっています。

しかも、赤ちゃんは、歌い方の微妙な違いを聞き分け、この独特な歌い方の方を好んで聞いているようです。

まだまだ大人のことばから単語を抜き出して、その意味を理解することはありません。しばらくは、リズム、そしてメロディーをまるごと一緒に取り込んで記憶していくと考えられています。

9 顔をのぞいてお話ししましょう

　赤ちゃんの話から少し離れますが、面白い研究を紹介します。
　映像では「が」と発音している口の動きに合成して、「ば」と発声している声を流します。すると、どのように声が聞こえると思いますか？
　なんと「が」でも「ば」でもなく、「だ」と発声しているように聞こえます。ちなみに、この時、映像を見ないように目を閉じて、発声だけを聞くと、これが不思議なことに、ちゃんと「ば」と言う音が聞こえてきます。
　これを「マガーク効果」といいます。
　人の話を「聞く」時には、口の動きもどうやら、とても重要な情報のようです。「話を聞く時は、相手の顔を見なさい」というのもうなずけます。
　赤ちゃんの「マガーク効果」については、詳細なことは分かっていませんが、映像と音声を使って、「見ること」と「聞くこと」を、赤ちゃんがどのように関連づけているのかを調べた研究があります。
　生後2ヵ月の赤ちゃんの前に、パソコンから「イ」と発音している顔と、「ア」と発音している二つの顔の画像を並べて見せます。そして、その中央から、予め録音しておいた「ア」「イ」、どちらか一方の音声を聞かせます。すると、赤ちゃんは音声と一致している方の顔を好んで見る傾向があることが分かっています。つまり、見た情報と、音の情報の一致を試みようとしているということになります。

こうなると、赤ちゃんに対しても顔を見ながらお話をすることは、とっても大切なことのようです。

10 赤ちゃんの反応

　生後３ヵ月もすると、赤ちゃんの表情は随分と豊かで変化に富んだものになってきます。あやすと笑ったり、言葉がけに反応して声を出したりと、コミュニケーションがとれているという感覚は、今までよりもグッと強くなってきます。
　また、首が安定してくると、抱っこをしながら一緒にお出かけもしやすくなります。いろんな風景や物ごとを、上体が起きた三次元の姿勢で見ることができるようになるので、赤ちゃんの世界は一気に広がります。
　赤ちゃんの反応が活発になるにつれて、いっぱい話しかけたい、いっぱい遊びたい、いっぱいお出かけしたい、とにかく赤ちゃんにいろんなことをしてあげたくなってきます。知らず知らずのうちにママ、パパの反応は赤ちゃんに、たくさん引き出されていることでしょう。人に限らず、赤ちゃんの「かわいさ」には、親からの働きかけを、多く引き出す作用があります。「かわいい」は、赤ちゃんが大人から何かを得るために不可欠な要素でもあるのです。
　さて、ここで少しだけ赤ちゃんの様子を観察してみてください。腕をバタバタしていたかと思うと、たまたま手にしたタオルを握ったり、かと思えばポイっと離す。目の前におもちゃを見せる

"間"が大事

と、手を伸ばしパタパタと叩こうとする。どんどんと色々な事柄に、自分から関わろうとする赤ちゃんの姿を、目にすることでしょう。

「与え続ける」だけではなく、時には「ちょっと様子を見てみる」。これも、赤ちゃんの好奇心を引き出すために必要なことかもしれません。

⑪ マネ合戦

　当たりたり前のことですが、生後一年近く、赤ちゃんは大人の話すことばの理解も、ましてや、ことばを話すことも十分にできません。そんな赤ちゃんに、大人はどのように話しかけるのでしょうか。

　ある報告によれば、赤ちゃんが、「アウー」と声を出したとします。この赤ちゃんの発声に対して、私たち大人は何らかのことばで返事をすることでしょう。時には、「そう、うれしいの？」などと話しかけることもあるでしょう。

　しかし、実際には、ママの赤ちゃんに向けられる全発話の75％が意味不明の発声だそうです。しかも、この発声の内容を調べたところ、どうもママは、赤ちゃんの発声をマネすることが多いことがわかってきました。例えば、赤ちゃんが「アック」と言えば「あっく」とマネする。

　さて、赤ちゃんの方はといえば、生後３ヵ月頃までは、ママが発声をマネしようがしまいが関係なく、勝手に色々な発声でやり

取りを楽しんでいます。しかし、4ヵ月頃になると、今度は赤ちゃんの方も、ママの発声をマネするような発声をするようになります。ママと赤ちゃんの"マネ合戦"が続きます。

　もし、ここで赤ちゃんの発声に対して、ママがちょっとの間、黙ってしまったらどうなると思いますか？

　赤ちゃんは、ママが返事をしてくれそうなタイミングまでは待ちます。待っても反応がないと、赤ちゃんは、今度は催促するかのように頻繁に発声するようになります。

　まるで「ねぇ、なんで黙ってるの？　お話ししようよ」と誘っているかのようです。

12 乳児の遊びのコツ

　赤ちゃんは「いない、いない、ばぁ」という遊びが大好きです。とても、単純な遊びなのですが、赤ちゃんは大喜びです。さて、この遊びにはコツがあります。

　まずは、①赤ちゃんの注意をひきつけるために「ほら見て、いくよ」と「呼びかけ」をします。その後、②赤ちゃんが注目していることを確認して、「いない、いない……」と言いながら、両手で顔を覆いながら、しばらく「溜め」ます。そして、③赤ちゃんの期待がめいっぱい膨らんだところで、「ばぁ」と一気に手を開き、気持ちを「解放」します。

　「呼びかけ」「溜め」「解放」の３つを意識することが「いない、いない、ばぁ」のコツです。

生後２ヵ月、４ヵ月、６ヵ月の時期の赤ちゃんに、この遊びをしてあげると、当然のことですが、どの月齢の赤ちゃんもみな大喜びです。
　でも、この「いない、いない、ばぁ」の３つの要素の順番を、「ほら、いくよ」で先に顔を隠し、次に顔を見せた状態で「いない、いない」と言い、「ばぁ」でまた顔を隠すという変な流れにするとどうなるでしょう。
　２ヵ月の赤ちゃんは、同じように大喜びをします。ところが、４ヵ月、６ヵ月の赤ちゃんは、期待していたものと違う流れに、キョトンとしてしまいます。「あれ、いつもと違う」と分かっているようなのです。
　赤ちゃんとの遊び方のコツは、「いつも繰り返していることが、また起こるぞ！」という期待を持たせ、「その通りのことが起こった！」という確認ができるところにあるようです。

⑬ 聞き分けるチカラ

　ママ、パパ、おばあちゃん、おじいちゃん、みんな話し方の特徴は、微妙に異なります。
　私の長男は「ソウタロウ」といいますが、私たち親や、おばあちゃんは、「ソーゥタロォ〜」と、呼びかける傾向がありました。ところが、おじいちゃんは「ソ・ゥタロッ」と、「ソ」の後ろの長さが私たちと比べ明らかに短い。一方、次男の名前は「ゲンタ」。彼を呼ぶ時には、それほど明確な違いはありませんでしたが、そ

れでもやはり、「ゲ」や、「タ」の後ろの伸ばし方が、一人一人微妙に異なっていました。

　いずれにしても二人の息子は、乳児の頃から、同じ様でいて、でも微妙に異なる発音に晒されながら、母語を学んでいったようです。

　さて、赤ちゃんはこうした微妙な発音の違いを、そもそもどの程度、聞き分けているのでしょうか。

　日本人が、なかなか聞き分けられない英語の発音に"Light"と"Right"があります。日本語の発音にしてみると、どちらも「ライト」。でも、英語を母語にする人たちには、2つの単語は明らかに異なる発音に聞こえています。そして、この2つの異なる単語の発音の違いを、なんと乳児期の赤ちゃんも聞き分けられることが分かっています。

　そんな赤ちゃんですが、1歳3ヵ月を迎える頃には、この聞き分けをしなくなります。一説には、日本語仕様に、脳がチューンアップされていくため、他の母語の発音に対応しなくなるためだと言われています。

　毎日、いろんな人から話しかけられることは、日本語仕様の脳になるために必要なのですね。

14 一緒に話すこと、一緒に遊ぶこと

　「赤ちゃんのうちから、英語に慣れ親しむと、ペラペラになれるらしいよ」。そんな話をよく聞きます。大人になってからでは

お話ししよう

聞き分けることが難しい発音も、1歳を迎えるまでの間は、それを聞き分けられる。となると、赤ちゃんの将来を考えて、早くから英語漬けで「バイリンガルに」、なんてことを考えてみたくもなります。最近の英語教材は、動画もついているので、「見て」「聞いて」楽しめるモノもあるようです。

　では、実際のところはどうなのでしょうか。確かに、早くから母語ではない言葉に触れることで、バイリンガルになる可能性はあります。でも、そのための条件は他にもありそうです。

　ある研究によると、英語を母語にしている9ヵ月頃の赤ちゃんに、中国語を母語にしている話し手が、目の前で10分間、直接本を読み聞かせ、その後15分間は、一緒におもちゃ遊びをしました。これを1ヵ月の間に、数回実施したところ、赤ちゃんは、実際に発音の聞き取りが、随分とできるようになっていました。

　同様に別の赤ちゃんには、4週間の間に数回、話し手の口元がはっきりとテレビ画面に映し出された状態で、本を読み、おもちゃを持っているDVDを見せました。ところが、こちらは赤ちゃんの発音の聞き取りは、促進しませんでした。

　どうやらテレビや、DVD教材だけではことばの発達は促せないようです。大切なことは、そこに人がいて、一緒に話し、一緒に遊ぶこと。ことばの発達には、これが一番大切なことなのです。

15 赤ちゃんの気持ち

　赤ちゃんが泣いています。さて赤ちゃんは、なぜ泣いているのでしょう。それを探る手掛かりは、実は起床時間や食事の時間といった生活リズムであり、「お昼寝から起きたら、散歩」といった生活パターンです。

　生後、半年もすると個人差はありますが、「朝、起きて、その後、着替え。授乳の後は、しばらくご機嫌。その後少しぐずって、そのままお昼寝。目覚めたら、ちょっとお散歩がてら、買い物に出かけ……」といったように、生活リズムやパターンができあがってきます。

　ただし、この流れは放っておいても自然と作られるというものではありません。家族と一緒に生活する中でできてくるものです。もし、リズムがなかなか安定しない状況が続くようであれば、家族の生活リズムやパターンを、見直す必要があるかもしれません。

　さて、この生活リズムやパターンは、赤ちゃんのことば（まだ「アー」「ウー」「泣く」「笑う」くらいですが）の意味と、その時の感情を探る、重要な手掛かりになります。

　例えば、授乳が終わってしばらくはご機嫌。そう、これはいつも通り。その後やってくるのは「お昼寝の時間」です。しばらくすると、赤ちゃんは何やらぐずり始めました。これもいつも通りだから、私たちは「眠くなってきた」から「ぐずっているのだ」と推測することができます。そして「おねむなの？　ねんねしようか」。こんな感じで、赤ちゃんの気持ちに添った「ことば」を届けることができるのです。

16 感情に触れる、感情を伝える

　赤ちゃんが、おもちゃに触ろうと手を伸ばしていたり、何かを発見し、不思議そうに見つめていたりしています。そんな姿を見ると、赤ちゃんが外の世界に、ますます関わろうとしていることに、あらためて気づきます。

　時には赤ちゃんの方から、ママやパパを見つけて笑いかけてくるかもしれません。きっと「ママだから」「パパだから」笑いかけてきているはずです。大いに喜び、かまってあげれば、赤ちゃんの笑顔もMAXです。

　こうした赤ちゃんの姿を見ると、ハッキリとした感情が芽生えてきていることに、私たちは気づきます。

　「うれしいな！」「楽しいね」「かなしいよぉ」「もうイヤ！」など、その感情はきっと、多様なものでしょう。

　まずは赤ちゃんの感情の変化を、想像してみてください。これは正解があるものではありませんから、自由に今、感じたままを口にしてみましょう。

　車が目の前を通り過ぎたのを赤ちゃんがジッと見ていたら、「ぶっぶー、早いね。すごいね〜」。オムツ交換している時に、ご機嫌ならば「ちっこ、出たの。オムツ、気持ち悪いの、ないないしたね」など。

　ことばの一つ一つのフレーズに触れることで、赤ちゃんは、日本語の音や言い回しを取り込んでいくと考えられています。

　もし赤ちゃんの感情が推測できないような時は、赤ちゃんの動作をそのまま実況してみてください。ミッキーのぬいぐるみを嚙

んでいたら「ミッキー、カミカミしているの？」。こんな感じでお話ししてみましょう。

17 顔色をうかがう？

　赤ちゃんと、ママが笑顔で楽しそうにやり取りしています。赤ちゃんも、ご機嫌です。ところがママが、やさしい微笑みも、楽しいお話も止めてしまい、突然、能面のような表情になってしまったら、赤ちゃんはどうすると思いますか？

　今までの楽しい状況が一変し、このママの突然の変化に、赤ちゃんは「えっ、ママ、どうしちゃったの？」と、少々戸惑った表情になります。そして、ママからの反応を引き出そうと手を伸ばしてきたり、声を出したりと色々と働きかけてきます。それでも、ママは反応しません。すると赤ちゃんは、徐々に不安そうな顔になり、しまいには泣きだしてしまいます。

　ここで、ママが再び優しい笑顔で赤ちゃんに話しかけると、赤ちゃんも再び笑顔を取り戻します。

　ちょっと意地悪な気もしますが、赤ちゃんと母親との間の愛着について研究するために行われた研究の一コマです。

　赤ちゃんは、生後３ヵ月頃には大人からの微笑みを好む傾向があることが確認されています。それが半年も経つと、ただ笑顔が向けられることを喜ぶだけではなく、実際に置かれている状況と、表情の間からそこに込められるメッセージを理解しようと練習を始めます。

ママ、笑顔になって

きっと、大人が笑顔を振りまけば、そこは安心して遊べる楽しい空間だととらえるでしょう。あるいは大人の怒った顔や、不安な表情からは「むむっ、これは大丈夫なのか」と慎重な反応を示すかもしれません。

🗨18 赤ちゃんは、大げさなのがお好き

　大人は、赤ちゃんに話しかける時だけ、声のトーンを高くし、抑揚をはっきりとつけ、反復が多い「育児語」を使います（13ページ）。赤ちゃんの注意がひきつけられ、ことばを取り込みやすいと考えられています。

　さて、この育児語と似たような現象は、実は動作の中にも見られます。

　例えば、おもちゃで遊んであげる時を想像してみてください。おそらく、通常はしないような「オーバーアクション」で、あるいは「動作を反復」して、赤ちゃんにおもちゃを扱って見せるでしょう。この動作のことを、発達心理学では"motionese"＝モーショニーズといいます。

　育児語同様、モーショニーズがおもちゃ遊びに含まれていると、赤ちゃんの注意をひきつけやすいと言われています。

　赤ちゃんはモーショニーズの中でも、「動作を反復」して見せられたおもちゃが手渡されると、それを繰り返し何度も振ったり、叩いたりして遊びます。一方、あまり「動作を反復」されずに手渡されたおもちゃの場合は、「なんだ、これ？」と口に持っていっ

たり、ひっくり返したりして確認する様子が見られます。

　なぜ、このようなことが起こるのでしょうか。考えられることは、「オーバーアクション」や「動作の反復」があると、赤ちゃんは情報を取り込みやすく、マネしやすくなるのではないかという説です。大人は、無意識のうちに何度もその動作をやって見せ、赤ちゃんがマネしやすくしているのかもしれません。

⑲ 遊びのススメ

　小学生にもなると、子どもが喜ぶおもちゃの多くは、ハイテク機器になります。電池でピコピコ動き、対話の相手はもっぱらおもちゃそのものになります。機械のおもちゃは、それ自体を制御するために、一定のルールが必要となります。自ずと子どもは、機械の定めたルールの中で遊ぶことになります。要は、おもちゃに遊ばれていることになります。

　一方、赤ちゃんのおもちゃはどうでしょう。赤ちゃんが喜ぶおもちゃは、プラスチックの粒々が入ったガラガラだったり、ちょっと太めの短いロープや、スポンジ状のボールだったり、構造は極めてシンプルです。

　時にはペットボトルなど、おもちゃとはいえないものにまで手を出して、好き勝手に遊ぶ。床に叩きつけたり、放り投げたり、噛んだりと、少々、乱暴な遊び方にも思えますが、単純な構造のモノほど、遊び方の可能性は無限です。

　赤ちゃんも、大人も、一緒になって「発想力」を使って好きな

新しい「遊び」

やり方で遊ぶ。こういう遊び方を大事にしてほしいと願います。

最近は、タブレット型コンピューターやスマートフォンなどにも、赤ちゃん用アプリがあります。この先、赤ちゃんとの遊び方がどう変化していくのか分かりませんが、赤ちゃんとの遊びは、決して機械任せにしてはいけません。

赤ちゃんは、目の前にいる人の声や、人の動き、人の表情を手掛かりにして、実にたくさんのことを学んでいます。豊かなコミュニケーションを育むには、目の前の大人が一緒に遊ぶことが何より必要なことなのです。

⓴ マンネリ遊び、新ネタ遊び

赤ちゃんは、大人が人形を使ってお決まりのセリフで話しかけてくることや、積み木が何度もポトンと箱の中に落ちる様子を見るなど繰り返しの遊びが大好きです。繰り返される遊びや出来事に対して、赤ちゃんは「いつもの」パターンを期待し、そのパターン通りになったことを喜びます。お笑い芸人のお約束ネタを喜ぶようなものです。とはいっても、同じパターンを、同じ間隔で繰り返していて、いつまでも関心を示し続けるものでしょうか？

残念ながらいくら繰り返しが好きとはいえ、いずれ飽きてしまい、関心を示さなくなります。

では、繰り返し遊びに、今までと異なる遊びのネタを、ちょっとだけ入れてみるとどうなるでしょう。赤ちゃんは、この違いに気づき、また遊びに注目するようになります。

いない、いない、ばぁ！あれ？

このことは、赤ちゃんがこれまでの出来事と、今の出来事は「違う」ということを理解していることを意味します。この現象を応用して、赤ちゃんがどの程度物や出来事の区別ができているのかが調べられます。この研究法を、「馴化・脱馴化法(じゅんか・だつじゅんかほう)」といいます。
　では、遊びも、ある程度の変化がある方がよいのでしょうか。答えはイエスであり、またノーでもあります。
　コロコロと遊びが変わりすぎると、遊びのパターンに一定の期待を持つことができないので、赤ちゃんの注目はひきつけられません。しばらくは繰り返される方がよいのです。
　時機を見て、「ちょっと変化した」あるいは「流れを変える」ことをお勧めします。きっと、赤ちゃんは「おや、おや？」と新しい展開に注目し、新しい遊び方、関わり方を学ぶことでしょう。

21 モノマネのススメ

　マネする、マネされる。これは人の発達において、たいへん重要な能力です。
　ママやパパは、一日のうちどのくらいの時間、赤ちゃんのマネをしていると思いますか？
　ある報告によると、赤ちゃんが目覚めている時の半分以上の時間を、大人は赤ちゃんのマネに費やしているそうです。確かに可愛らしい仕草を見ていると、知らず知らずのうちにマネをしているかも。しかし「可愛いからマネをする」、果たして理由はそれだけでしょうか。

赤ちゃんの視点から、この現象を見ると、これまた面白いことが分かってきます。赤ちゃんは、自分に対して、ただ応答的に振る舞う大人よりは、自分の動きを目の前でマネしている人の方を好んで注目する傾向があります。つまり、大人が、知らず知らずのうちに赤ちゃんのマネを頻繁にするのは、赤ちゃんの注意を、自分に向けやすくするためだと考えられます。赤ちゃんの注意が大人へ向きやすくなれば、その分、大人から赤ちゃんへ何かを伝える機会は自ずと増え、赤ちゃんが大人のマネをする機会も促されるかもしれません。

　ここで実践してみましょう。まずは、赤ちゃんのしている動きをしばらくマネしてみます。赤ちゃんが、マネをしているあなたに注目します。さぁ、今度はあなたがモデルを示す番です。複雑なものではなく、簡単な動作をしてみましょう。赤ちゃんの様子はどうですか？

　あなたのマネらしきことをしているように見えたら（完全に同じでなくてかまいません）、「じょうず！」と笑顔で褒めてあげましょう。

22 喃語に応じる

　「マンマンマン」「バッ、バ、バッ」、時には「ブーブーブー」と、赤ちゃんの発音のレパートリーは日に日に増えてきます。これを喃語（なんご）と言います。

　まだまだ「ことば」と呼べる程ではありませんが、これらの音

がいずれ「ことば」に繋がることは容易に想像できることでしょう。

　この赤ちゃんの発声練習を、豊かな「ことば」の発達に繋げていくためには、どのような関わり方を心がけてあげればよいのでしょうか？

　もし赤ちゃんが具体的なモノを見ながら、何やら発声していたら……。この場合には、赤ちゃんが見ているモノに応じて、ことばをかけてあげるとよいでしょう。例えば、赤ちゃんが「バ、バ、バ」と言いながら、車のおもちゃの方を見ていたら、「あ、ブーブーあるね」とお話ししてあげます。あるいは「ブーブーで遊びたいの？」と言ってから車のおもちゃを近づけてあげます。

　この時、赤ちゃんの発する音が、そのモノの呼称とは似ていなくても、特に問題はありません。

　赤ちゃんにとって重要なことは、自分が注意を向けているモノに、大人が何やら「ことば」をかけてくる、あるいは何らかの反応を返してくれることにあります。

　でも、赤ちゃんが何に注意を向けているのか、どうしても特定できない時には、どうすればよいのでしょう。

　この場合は、赤ちゃんの発声を、ただマネしてみるのはいかがでしょうか。赤ちゃんにとっては、自分の発声に、大人が何か返してくれる、これでオッケーなのです。

㉓「もの」とのかかわり

　お座りが安定してくると、赤ちゃんの両手は自由になり、遊び

方も変わってきます。手に触れた「もの」を、やみくもにつかむのではなく、しっかりと「もの」を見て手を伸ばすように変化していきます。赤ちゃんの気持ちが、はっきりとその「もの」に向かっているからです。

　ここでちょっと意地悪をしてみます。片手に小さな積み木を持っている時に、別の小さな積み木が手渡されると、赤ちゃんはどうすると思いますか？

　生後６ヵ月頃では、まだ２つのことを同時に対処できません。はじめに持っていた積み木を、ポロっと手から離し、新しく提示された積み木をつかみます。

　しばらく月日が経つと、２つのものが同時に提示されても今度は落とさなくなります。持っていた積み木を、一方の手に移し替え、新しい積み木をつかみにいくようになります。そこでまたまた意地悪です。ここで３つ目の積み木を提示してみると……。やはり持っていたうちの１つを、ポロっと手から落とし、新しい積み木に向かってしまいました。

　さらに数ヵ月もするとどうなるでしょうか。新しい積み木が提示されると、手から手へと、ものを移し替え、それを「置いて」から新しい積み木を取りにいきます。

　また、目の前にある「もの」を、ただ容器から取り出すだけだったのが、持っていた「もの」を容器の中に入れるようになります。さらに、手のひら全体で押し付けるようにしてつかんでいたのに、小さなものを「つまむ」ことができるようになっていきます。

　赤ちゃんは、自分の身体の動かし方と、外の世界との関係を、こうした遊びの中で少しずつ理解していくのです。

受け取り上手

いつまでため込むのかしら

24 食べる

　赤ちゃんが、大人の食べているものをジッと見ながらよだれを垂らしていたり、これまでみられた哺乳反射（口の周りにものが触れるとそれを吸おうとする動き）が少なくなってきたりすると、そろそろ離乳食の始まりの時期です。個人差はありますが、生まれてから５ヵ月から、６ヵ月頃が一つの目安と言われています。ただし、口に入れても、すぐに押し出してしまうようであれば、もうしばらく様子を見てから始めてもよいようです。

　初期の離乳食は、スープ状のものから始めます。赤ちゃんは、スープをスプーンから飲み込むことになります。

　さらに離乳食がすりおろした状態に段階的に進むと、赤ちゃんは食べ物を舌と上あごを使ってつぶして飲み込むようになります。

　　食べ物の形が少し残った状態になると、今度は、それを歯茎で噛んでから飲み込むようになっていきます。

　こうした舌の動きや、噛み砕いて飲み込むまでの一連の細かい動きの変化は、ことばを上手に話すことにも関係しています。食べることと、ことばの発達は、実は繋がっているのです。

　また、１歳を過ぎる頃には、お皿に並べられた食べ物を、自分でつかんで口に運ぶようになります。さらに、スプーンに興味を示すようになると、大人のマネをするように、それを握って、お皿に打ち付けるような動きもみられるようになります。

　手づかみにしても、スプーンで食べるにしても、上手に食べられるようになるにはまだまだ時間がかかります。当然、お皿の周

りや床は汚れます。
　これにはちょっとイライラしてしまうママ、パパもいるようです。「こぼさないように」「汚さないように」という気持ちもわかりますが、こればかりは仕方がありません。みんな、赤ちゃんの頃は同じことをしていたのですから。
　ここは、思い切って汚れてもよいように、ビニールのテーブルクロスに変えて、床にも新聞紙など敷いて「いっぱい汚してオッケー!!」。そんな心構えがあると、赤ちゃんも安心して食べる練習ができますね。

 ## コラム2　　乳児期前・後期健康診査

　乳児期の発達における指標は、運動発達の変化になります。そしてその変化の特徴も、脳に近い方から順に変化していきます。

　個人差もありますのであくまでも目安になりますが、生後3ヵ月頃になると首がすわってきます。首の安定は、好きな方向に頭を動かすことを可能にします。そして、見たいものを見ることを可能にしていきます。

　この時期に、**乳児期前期健康診査**（生後3ヵ月から4ヵ月）があります。首がなかなかすわらないなど、心配なことがあれば、ここで相談します。発達には個人差がつきものですから、しばらく様子を見る場合もありますし、運動発達を促すトレーニングに関する情報をもらうこともできます。

　6ヵ月頃になると、今度は寝返りをするようになります。そして、腰の周辺が段階的に安定してくると、その後に一人でお座りができるようになります。

　さらに、お座りの姿勢から、這い這いへと姿勢を変え、あちこちと移動するようにもなってきます。その後、支え立ち、歩行へと繋がっていきます。

　これらの変化が6ヵ月から1歳頃までの間に起こり、これらの発達の変化が順調かどうかは、**乳児期後期健康診査**（生後9ヵ月頃から1歳頃までに実施）の中で把握されます。もし、この段階でも運動発達に明らかな遅れが見られるようで

あれば、さらに専門的な相談が受けられます。場合によっては、**療育**と呼ばれる治療的なアプローチが必要な場合もあります。

　療育は早期から提供されることで、予後の発達が大きく変わってくることが言われています。特に運動発達については、**医師**や**理学療法士**、**作業療法士**、**臨床発達心理士**といったスペシャリストがチームになって、必要な療育メニューを一緒に考えてくれます。

　乳児期前・後期健康診査やその後に実施される**１歳６ヵ月児健康診査、３歳児健康診査**は、子どもの発達の状態を把握するだけでなく、必要に応じてその後の発達を支えていく様々な情報や、具体的なサポートを得るためにあります。

25 ちょうだいな

　生まれて９ヵ月、大人は赤ちゃんに、ミルクや、離乳食や、おもちゃなどいろいろなものを与えてきました。

　それは赤ちゃんが、一人では生きていくことができない存在だからです。与えてきたのはものだけではありません。「ことば」や「遊び」、「愛情」……数えあげれば切りがありません。

　でも大人はいつも、赤ちゃんに与えてばかりだったのでしょうか。そんなことはありません。赤ちゃんの笑顔は、大人をハッピーな気持ちにさせてくれます。私たちは、そのハッピーのために、赤ちゃんに多くのことを与えていくのです。

　お互いの、与え、与えられる関係を、「もの」のやり取りの中で見てみましょう。小さな積み木をお皿などに入れることができるようになると、ママやパパの手にも「はい、どうぞ」をするようになります。試しに「はい、どうぞ」と赤ちゃんに積み木を渡した後で、「ちょうだいな」と手を差し出してみましょう。すると、ママやパパの手のひらに積み木を置こうとします。そこですぐさま、それを受け取って笑顔で「ありがとう」と褒めてあげます。

　もし、赤ちゃんがおもちゃを置こうとしなくても、そこはあせらないこと。赤ちゃんの手が少しでも動いたら、「私に渡そうとしているのだ」と思って、その瞬間、やさしく赤ちゃんからおもちゃを取って、すぐに「ありがとう」とにっこり笑って褒めてあげてください。

　「小さな変化に、大きな思い込みで対応する」。それも大事な関わり方です。

26 バイバイ

　ママがお出かけしようとしています。パパに抱かれて赤ちゃんもママのお見送りをします。ママが「バイバイ！」と言って手を振る様子を見て、赤ちゃんもママに向かって手を振ろうとします。まだまだぎこちない手の振り方ですが、パパが後ろからやさしく手をとって、上手に「バイバイ！」をサポートする。こんなほのぼのとしたお見送りをされると、ママも後ろ髪をひかれる思いになりますね。

　ところで、赤ちゃんはバイバイが「いってらっしゃい」の意味と分かっているのでしょうか。残念ながら、まだ、そのような理解はできません。ママやパパが「バイバイ」をしているのをマネしているだけです。

　でも、ここで大切なことは、赤ちゃんがマネをすると、ママやパパから最高の笑顔と歓声が届くことです。

　赤ちゃんがマネをすると、周囲の大人は喜び、それを褒めます。この大人の喜ぶ姿や、褒められることで、赤ちゃんはさらにマネを試みることでしょう。

　ママが手を「パチパチ」すると赤ちゃんも「パチパチ」と手を叩きます。ママは大喜びして「じょうず！」と褒めます。赤ちゃんもうれしそうです。

　今度はゆっくり「バンザイ」でもしてみましょうか。赤ちゃんの反応はいかがですか？

27 これは何？？

　赤ちゃんは好奇心のかたまりです。ハイハイで自由に動けるようになると、部屋中を探検しに出かけます。テレビのリモコンを見つけるやいなや、「おやっ」とそこまでまっしぐらです。ティッシュの箱が目に入ると、突進していきティッシュペーパーを次から次へと引っ張り出し、すっかり空っぽにしてしまいます。これにはさすがのママも「めっ！」となりますね。

　おもちゃか、そうでないものかは、赤ちゃんにとっては重要なことではありません。触りたいものに触り、遊びたいように遊ぶのが赤ちゃんです。

　健康を害さないものであれば、多少は目をつぶることも必要です。第一、この時期に、物事の良し悪しは理解できませんし、その必要もありません。色々なものに心が動く方が、ずっと大事なことなのです。

　ただし、赤ちゃんは何でも口に入れてしまいます。あちこち自由に移動できるようになる8ヵ月頃は、事故が多くなる時期でもあります。誤飲（小銭やボタン、電池や口の中に入るような小さなおもちゃ、お菓子の包みや破いた紙）や、窒息（ビニールや風船など）に繋がるもの、薬品類やタバコ等は、赤ちゃんの手の届くところには置かないように気をつけましょう。

　絶えず赤ちゃん目線で安全確認をして、安心して遊べるようにしてあげます。

28 人見知り

　赤ちゃんは、家族とそうでない人を、かなり早い段階から区別できます。そして生後６ヵ月を過ぎた頃からは、それが人見知りとして現れます。人見知りが始まると、なじみのない人からの声かけには、すぐに接触を試みようとはせず、ジッと相手を見ています。

　特に人見知りの強い赤ちゃんは、目が合うと、しばらくじっと相手の目を見つめます。ところが、相手からあまり見つめられ続けると、今度は視線をそむけ、ママの胸に顔をうずめます。そして相手の目線が自分から外れると、またジッと相手を見ています。

　これまで人見知りは、知らない人だから「怖い」「嫌だ」という感情を引き起こすので起こっていると考えられていましたが、最近の研究では、それだけではないことがわかってきています。

　「興味があって近づきたいのだけど、でもよく知らないからな……」、そんな葛藤の中で起こっている現象のようなのです。

　さらにこの時期、後追いも始まります。ご機嫌で遊んでいた赤ちゃんが、ママがトイレに立つなど、ほんの少し姿が消えるだけで大騒ぎします。

　この後追いに、随分とママのイライラも募るかもしれませんし、子育てがつらくなることもあります。そんな時は、休日が必要です。

　どんなに楽しい仕事であっても、何もかも一人でできるわけではありませんし、働き続けることはできません。子育ても同じです。時には休日が必要です。たまには誰かに頼んで、休日カフェ

興味はあるけれど…

で、ほんの少し息抜きなんていう時間も必要かもしれません。

　心にゆとりがあれば、イライラもなくなるかもしれません。ゆとりを持ったことで、赤ちゃんとの関わり方も少しだけ楽に感じるかもしれませんよ。

㉙ 抱っこして

　ママやパパが赤ちゃんに近づきます。赤ちゃんは、ママやパパの手を掴もうとしました。この時、私たちは「赤ちゃんは手のひらを触りたいと思っている」と考えるでしょうか？　あまり考えません。なぜなら赤ちゃんが、手に触って喜んでいる様子を、これまで一度も目にしたことはないからです。とすれば、この時点で、「他のことを望んでいるのだ」と私たちは考えます。そして赤ちゃんの様子を、しばらく観察することになります。

　すると赤ちゃんは、今度は、ママやパパの腕の方へと這い登ろうとします。この時、赤ちゃんの脇が少しだけあがりました。どうやら「ママやパパに、抱っこをして欲しい」ようです。

　ママやパパは、この想いを察して、これを叶えようと赤ちゃんの両脇を抱えあげます。

　これで赤ちゃんの「抱っこして欲しい」という想いは無事叶いました。赤ちゃんも大喜びです。

　さて、こうしたやり取りが繰り返されていくと、どうなっていくのでしょう。

　ママやパパが近づく。すると赤ちゃんの両腕があがります。マ

ママやパパは、この動作を見て、「あぁ、抱っこをして欲しいのか」と、赤ちゃんからのメッセージを理解するようになります。そして、即座に抱っこをしてあげるでしょう。
　これが繰り返し続くことで、赤ちゃんは「腕をあげれば、ママやパパは抱っこしてくれる」ということを学びます。そして、抱っこを求めるために、「バンザイ」という身振りをするようになるのです。
　つまり「バンザイ」は、「抱っこして」という"ことば"になるのです。

㉚ かくれんぼ

　おもちゃに夢中になっている赤ちゃんと、鬼ごっこをしてみましょう。赤ちゃんから見えないところにこっそりと隠れて、名前を呼んであげます。赤ちゃんの様子はどうですか。
　声のする方を見ますが、そこにはママやパパの姿はありません。「あれっ？」という表情で、赤ちゃんはあたりをキョロキョロしています。そんなタイミングを見計らって、また赤ちゃんの名前を呼んでみます。
　声の方をじっと見ていたら、それは「ママ、見つけた」「パパ、見つけた」という意味です。もし、なかなか赤ちゃんに見つけてもらえなかったら、赤ちゃんが不安になる前に、顔を少しだけ見せて、また隠れてみてください。ママ、パパの顔が見えて赤ちゃんも大喜びです。

ママは、どこかな？

今度は、両手を広げて「おいで」と呼んでみましょう。赤ちゃんは、ママやパパの方を目がけ、ハイハイで近づいてきます。もし、ヨチヨチ歩きを始めていれば、ヨタヨタしながらも大好きなママやパパからは目を離さず、一歩一歩近づいてきます。
　そして、感動のゴール！！
　赤ちゃんも、ママやパパに抱っこしてもらおうと両腕をあげてきます。もちろん、ママやパパが「抱っこをしてくれる」ことも、既に分かっています。
　あとは赤ちゃんを抱っこして、ギュッと抱きしめてあげましょう。こんなやり取りがあるだけで、みんながハッピーになります。
　ママ、パパが赤ちゃんを愛おしいと思う気持ちと同じくらい、赤ちゃんもママ、パパが愛おしい存在なのです。

 **コラム3**　　　　　　　　　　　　　　発達検査

　子どもの発達の様子を把握するために、発達検査を実施することがあります。発達検査には「遠城寺式乳幼児分析的発達検査法」「津守式乳幼児精神発達診断法」「新版K式発達検査2001」などがあります。

　中でも「新版K式発達検査2001」は、子どもの発達状態を「原始反射」の把握に始まり、運動の変化、積み木やガラガラといったおもちゃを扱う様子の変化を、定期的に観察しながら確認していきます。

　検査は、細かく定められた手引書に従い行われ、**発達年齢**が導き出されます。さらに、そこから**発達指数**が算出されます。

　発達指数とは、わかりやすく言うと発達のスピードを示していると考えるといいでしょう。実年齢通りに発達が進んでいれば、発達指数は100となります。つまり、1歳0ヵ月の時点で、発達検査から導き出される発達年齢が1歳0ヵ月であれば、発達指数は100となります。もし、発達検査の結果、1歳0ヵ月の時点で発達年齢が0歳6ヵ月であれば、発達指数は50と、実年齢の半分のスピードで発達していることになります。

　ただし、100を下回ったからといって、それが発達の遅れを意味しているわけではありません。おおよそ85くらいのスピードまでは問題はないと考えられています。

なお、近年は、発達指数だけで子どもの発達の状態を判断すべきではないと言われています。日常生活にどのような困難が見られるのかに注目し、そこからどのような配慮や支援を必要とするのか検討することの方が重要だからです。

　いずれにしても、発達検査は子どもの発達課題が現在どこにあるのか、その課題に対して、どのような生活上の配慮をすれば、子どもの発達は促されるのかを、親と一緒に考えるためにあります。決して能力の優劣をつけるために行われるものではないということを、専門家も親も共通の理解とすべきでしょう。

　なお乳児期の子どもたちは、少し眠たいだけで発達検査どころではなくなることがあります。また、人見知りの時期に検査をしても、見ず知らずの大人が関われば、日常の様子は観察できないでしょう。その場合は、日頃の遊びの様子や、人との関わりの様子などを聞き取り、おおよその発達の状態を把握することになります。

　発達検査を実施する専門家は、大学や大学院で発達心理学について学んでおり、子どもの発達の道筋について熟知しています。また、検査の実施についても十分に訓練を受けています。

第 2 章
幼児編
【前編】

ここまで、乳児期（1歳まで）の赤ちゃんの発達の様子についてお話ししてきました。

　生まれて間もなく、「声」を通じて大事なママやパパのことを知りました。大人は、赤ちゃんが最も注意を向けやすい関わり方で、多くのことを伝えてきました。

　モノとの関わり方はどうでしょう。手が自由に使えるようになると、赤ちゃんは様々なモノに興味を示しました。

　おもちゃ、日用品などを与えられると、実際にそれに触れ、それを振ったり叩いたり、見せびらかしたり、時にはかじったり舐めたり。

　ハイハイなどで移動の手段を獲得すると、これまでのように与えられるだけではなく、自ら欲しいもののところへ行って手を伸ばす。入れ物の中に入っているモノを取り出したり、それをまたしまったり。そして大人に向かって「はいどうぞ」をする。

　大人は、子どもに「それが何であるか」を扱ってみせてきました。子どもは、それがどのように扱われるモノなのかを知り、マネをしてきました。

　ただし、まだミニカーが「車の模型」であるという認識はありません。「ミニカー」という呼称も分かりません。

　でも、一緒に走らせてみれば、「こういうものだ」と分かります。そして大人からは「ぶーぶー」という声が聞こえます。

　子どもは、大人との間でこうした体験を繰り返しながら、モノを介した人との感情の交流を学びます。これはコミュニケーションの基礎になります。

　それでは、このコミュニケーションの基礎作りの時期である幼児期前半（1歳から3歳児）の様子について見ていきましょう。

1 お散歩のススメ

　よちよち歩きが始まると、お散歩の意味も随分と変わってきます。お散歩を通して、外気に触れ、しっかりと身体を動かす。お散歩は体作りには欠かせない活動となります。

　また、生活リズムを作るためにも、ある程度一定の生活を送る必要があります。

　そのためには、毎日お散歩の時間を決めておくとよいかもしれませんね。

　お散歩には、他にも意味があります。お散歩は、子どもがことばの世界を広げていく土台として、欠かせない活動なのです。

　道を歩いていても、公園へ行っても、買い物へ行っても、子どもの心はトキメキます。外の世界には「これ何だろ？」があふれています。

　石ころ、葉っぱ、虫、花、水槽の中の魚、大きな車などなど、家の中にいるだけでは実際に見ることも、触れることもできないものがたくさんあります。子どもはみんな好奇心のかたまり。目を輝かせて、見たり、触れたりしようとします。

　工事現場の物音に、足を止めて釘づけになっているかもしれません。そんな時は「ショベルカー、すごいね」と、共感のまなざしと、ことばを添えて、しばらく付き合ってあげましょう。

　公園では、葉っぱを拾ったり、石ころを拾ったり、砂を握ったりしていれば、「はっぱ、ひろったの」「いしころ、ひろったの」「おすな、さらさら」と一つ一つに「想い」を寄せてみてください。

　土や埃で、手は汚れます。でも「きれい、きれい、しようね」、

見て、触れて共感しよう

そんなことばも手が汚れたからこそ、かけてあげられるのです。

❷ 見せびらかしの心

　子どもと一緒に遊んでいると、ママもパパも力いっぱい外を跳ね回っていた頃のことが、なんとなく蘇ってくるような気がします。慌ただしい毎日で、すっかり忘れてしまっていた、普通の日々の、何でもない出来事に感動していた頃を思い出します。

　子どもと一緒になって、きれいなモミジが落ちていたら、拾って眺めてみたり、トンボにそぉっと近づいて、さっと羽をつかんでみたり。夏の日差しの中を、虫取り網を持ってセミを捕まえてみたり……。

　もちろん、これは全部子どもに見せてあげるため。カエルを捕まえて、そっと手のひらで包み込み、子どもがジッと見つめているところをねらって、「ほらっ！」。パッと開いた手のひらから、カエルが跳び出します。子どもの目は、まんまるです。

　きっと喜んでくれているはず。だって、ママもパパも、子どもの驚きを期待して、こんなサプライズをしているのですから。

　一方、子どもも負けてはいません。あちこちと、いろんなモノを探しまわっては、何やら見つけてきます。そして、つかんだり、つまんだり、握ったり……。

　触っていいモノ、悪いモノ、握っていいモノ、悪いモノ、実際色々ありますが、それは仕方ありません。まだ、それが何であるのか、よく分からないのです。でも、ママやパパがしてくれてい

るように、それを見せに来る。きっと、喜んでもらいたい、そんな気持ちを持って来るのでしょう。

　見せびらかしは、感動のおすそ分けみたいなものなのです。

❸ 指先の向こうにあるもの

　子どもは、心が動かされたものを、ただジッと見ているだけではありません。そこへ近づきたい、触りたいという気持ちが湧いてきます。その気持ちが歩行へと繋がる場合もありますが、立ち止まったまま手差し、指差しをすることもあります。「アッ、アッ」と言いながら指を差して見せます。この指先の向こうには、それぞれ異なる二つの「伝えたい想い」があります。

　一つは「あれ欲しい」「あっち、行こう」と届かない場所にあるものを要求する場合や、行きたい場所を伝える「要求の指差し」です。モノを手に入れるための指差しですから、そのモノが手に入ると満足です。行きたい場所を伝えているのであれば、そこへたどり着くと満足。

　でも、時には満足できる結果に至らないことも。そんな場合には、さらに強い調子で、声をあげながら要求を続けるかもしれませんね。でも、それも経験です。伝わらないことがあるからこそ、伝えたい想いも育つのです。

　もう一つは、「あそこに何かいるよ」と、大人と共感するための「叙述の指差し」です。「指の先にあるものを見て！」という想いをいっぱい詰め込んでいるのですから、その想いに応えてあ

げれば大満足。

　指さしの向こうに犬がいるのであれば、「あっ、ワンワンだね」と笑顔で優しく応じてみる。想いが伝わったことを、一つ一つ確認する。このことが、伝えたい想いをどんどん広げていくことに繋がります。

④ 叙述の指差し　その1

　叙述の指差しは、大人に伝えたい気持ちをいっぱいに詰め込んだ「想いの表現」です。しかし指差しと、ことばの発達の関係を理解していただくには、もう少し具体的な説明が必要です。

　ある研究で、子どもが叙述の指差しをしている時に、大人が次の4つのいずれかの対応をしてみました。

1）子どもの方をまったく見ないで、指が差されている物事の方だけを見る
2）指差しの先にある物事の方はまったく見ずに子どもに向かって、ただ「いいね」とだけ言う
3）何の反応もしない
4）共感している気持ちを子どもに示しながら、子どもと、指差しの先にある物事を交互に見る

　すると、4）の対応をした時に、子どもは大人に対して自分の想いを伝え続けるかのように、指差しを続けていました。

あっちを見て！

このように、子どもと大人が一つの物事に注意を向けながら、互いに共感し合うことを「共同注意」といいます。これは、豊かなコミュニケーションをはぐくむ上で、重要な活動の一つと言われています。
　一方、大人が子どもの方を見ずに、ただ物事の方だけを見ていた場合や、指先の物事を見ずにただ「いいね」とだけ言っていた場合はどうなったのでしょう。
　子どもは、自分の想いを共有してもらおうと、何度も指差しを繰り返します。しかし、この状態があまりに続くと、指差しの回数は徐々に減ってしまい、最後は諦めてしまいました。

❺ 「共同注意」と「ことば」

　「共同注意」は、コミュニケーションと呼ばれる活動の基盤となっていると言われています。ここでは「ことばの数（語彙数）」と「共同注意」の関係についての研究を二つ紹介します。
　一つは、大人が子どもに、新しい物の名称を教える際の話です。
　私たちがことばを子どもに教える時に、比較的よくとられる方法は、子どもの注意を、私たちの伝えたい物事に向けさせてから、ことばをかけます。
　しかし、子どもの「ことばの数（語彙数）」を増やしたいのであれば、既に子どもが注意を向けている物事に、大人の方が焦点を当てて、ことばをかけてあげる方が、語彙学習が容易になることが、いくつかの研究の結果から明らかになっています。

ことばを添えて共感しよう

1コマ目:
ほら見てニャンニャンいるよ

2コマ目:
ニャンニャンだよ
ワンワン

3コマ目:
あっ、あっ

4コマ目:
強いおじちゃん
どうして工事現場のおじさん？
チャンチャン

また別の研究では、１歳からの半年間、「共同注意」と「語彙数」の関係を調べてみました。すると費やした「共同注意」の時間が、長ければ長いほど、１歳半の時点での子どもの語彙数が増えていたことを明らかにしています。

　お散歩などに行くと、子どもはいつも同じようなところで、同じようなものに対して、指差しをしていることがあります。「どうしていつも、同じものばかり指差しているの？」と思うかもしれませんが、ここでも、色々なことばを添えてあげる方が、子どものことばの発達を促します。

❻ 空間の共有

　コミュニケーションの基本は、自分が他者と同じ空間を共有することにあります。

　例えば、カンボジア旅行に行き、現地の人たちと食事をしたとしましょう。現地の人が、テーブルの調味料が置いてある一角を指差し、「マレイ」と言ったとします。"何か"を伝えているということはわかります。でも、私はクメール語がさっぱりわかりません。

　すると「マレイ」と聞いた直後、もう一人が、"黒胡椒"を"手渡し"ました。この一連のやり取りをその場で見ていて、「マレイ」は「それ、とって」！？という意味か、あるいは「黒胡椒」！？かもしれないと考えます。

　しばらくすると、先ほどの一角を指差し、今度は「オンバル」

と言いました。すると今度は「塩」が手渡されました。

　どうも「マレイ」は「それ、とって」ではなく「黒胡椒」、「オンバル」は「塩」という意味のようです。一緒に食事をし、一連のやり取りを共有できて、初めて指差しに込められた「想い」を推測することができます。

　これは大人が、子どもに対して、「想い」を指差しで伝える時も同じです。大切なことは、同じ空間を共有していることにあります。大人と一緒に散歩を楽しむことを共有しているからこそ、子どもはママやパパの指差しに込められた「想い」までをも読み取ろうとするのです。

❼ 叙述の指差し　その2

　叙述の指差しには、自分が興味を持った物事を人に伝える指差しの他に、人が知りたいと思っていることを「教えてあげる」ためにする指差しもあります。

　例えば、ママやパパが探している物のありかを、子どもが知っていた場合、それを指差して教えてくれます。これは少し驚きですね。1歳から1歳半の年齢の子どもに、こうしたことが本当に可能なのでしょうか。これについて、次のような方法で確かめられました。

　子どもの前で、大人がペンを見せています。その後、偶然を装い、このペンを落としました。大人は「あれ？どこいったのかしら」と、あたりを探すふりをします。すると、それを見ていた子

どもは、落ちている場所の方を指差しました。この時、子どもは自分がそれを手に入れようと身を乗りだしたり、取ってもらおうとしたりするそぶりは見せませんでした。つまり、自分がそれを取って欲しくて、指を差していたのではなく、「そこに落ちているよ」と教えるために指差しをしていたようです。

　同じように、おもちゃのネックレスを使って一緒に遊んだ後で、また偶然を装い落とします。ここでも大人が探している様子を見ると、子どもは、落ちている場所を指差して教えてくれました。

　この結果から、子どもには次の二つのことが理解されていたと考えられています。一つは、「大人は、落ちたペンが、どこにあるのか分からず探している」ということを理解していた。もう一つは、大人が必要としていることを教えてあげて「助けよう」という気持ちを持っていた、ということです。

　叙述の指差しは、「想いを伝える」だけでなく、人の気持ちを「想いやる」指差しでもあるようです。

❽ マネっこ

　1歳を過ぎると子どもは、大人のする様々な動作を、はっきりとマネするようになってきます。でも子どもは、単に大人の動作をそのままマネしているだけなのでしょうか？

　1歳半の子どもに行ったある研究があります。

　7.5cmの長さのプラスチック棒の両端に、2.5cmほどの積み木がくっついているダンベルのような形をしたおもちゃがあります。

このおもちゃは、積み木部分を引っ張ると外れるようにできています。

　さて、大人が実際に、積み木を引っ張って何回か外して見せました。そして、棒に積み木をくっつけた状態に戻して、子どもの前に置きました。子どもは、見ていた通りに、積み木を外して見せました。大人がやったことを、その通りにマネしていたのですね。

　一方、別の子どもには、積み木を外そうにも、手が滑ってなかなか外せない様子を見せました。何回か繰り返しますが、積み木は最後まで外れない様子を見せました。そして、それをそのまま子どもの前に置きました。

　もし子どもが、単に大人の動作をマネしているだけであれば、きっと積み木が滑って外れない様子を、ただマネするはずです。

　ところが結果は違いました。子どもは、大人が外そうとしていた（でも、研究上外さなかった）積み木を、外して見せたのです。つまり、「大人は積み木を外そうとしていた」という、大人の「想い」の方をマネしていたのです。

　どうやら子どもは、大人のする動作をただマネしているのではなく、そこに込められている「想い（意図）」も一緒に、マネしているようです。

❾ ことばの誕生

　1歳を迎える頃から、子どもは、少しずつことばを話そうとします。子どものことばを増やすためには、何が大切なのでしょう

か。

　まず子どもが、どの文化のことばを学習しているのかということが重要です。さらに、ママやパパ、その周囲の人たちがどのような場面で、どのような興味関心のある物事にことばを使うかということも関係してきます。

　この頃の子どもの脳は、母語の発音が聞き取れるように、発達していきます。これは、約1年の月日を経て、実際に身近な人が使っていたことばを、様々な体験を通して耳になじませてきた結果によるものです。

　当然、日本語を日常的に話す文化の中にいれば、子どもの多くはその土地の日本語が持つ様々な音の特徴に、注意が払われるようになっていくと考えられています。

　また、子どもは「共同注意」の中で、大人と自分の「想い」を共有するようになっています。子どもは、大人が「自分に何か、伝えよう」として発声していることを知っており、実際に大人も、子どもに「何か、伝えよう」と話をしています。これらのメカニズムがとけあった結果、子どもは「ことば」を、人に何かを伝える一手段として頻繁に使うようになっていきます。

　子どもが「ワンワン」と言って指差しをします。その先に犬がいました。そうです。これまで大人が、犬を見て「ワンワンだね」という「想い」をことばに託して伝えてきていたからです。今度は、子どもがその想いをことばにしているのです。

⑩ 猫でも「ワンワン」

　子どもは、生活に直接関わりの深い言葉から話し始めます。「ママ」や「パパ」、「マンマ（ごはん）」など身近な人やモノから、散歩中によく目にする「ブーブー（車）」、「オアナ（お花）」「ワンワン（犬）」などです。

　でも、その使い方には、ちょっとした特徴があります。例えば、街で見かけた「犬」にだけ「ワンワン」を使用するのではなく、公園で見かけた「猫」にも「ワンワン」と言ったりします。毛がついている生き物を、「ワンワン」とでも思っているのでしょうか。

　こんな時、「正しいことばに言い直させた方がよいのでしょうか」、そんな相談をよく受けます。

　ことばを子どもに教えるための原則を思い出してください。

　まず、対象に子どもの注意が向いている時に、大人の注意も、その対象へ向いていますか？

　さらに対象に向けられた子どもの「想い」に気が付きましたか？

　この二つが成立していれば、子どもに正しいことばを言い直させる必要はありません。大人の方が、ただ正しいことばを添えてあげればよいのです。

　今、子どもは「ワンワン」と言いながらも、その注意は、猫に向かっていますね。きっと、「猫の存在を傍にいるあなたに伝えたいという想い」を持っているのでしょう。ですから、この場面を共有しながら「あれは、ニャーニャーだね」と、ことばを添えてあげる。これでオッケー。もし、この後、子どもが「ニャーニャー」とマネすれば、なおオッケーです。

11 絵本を読む

　ある報告によると、1歳の誕生日を迎える頃までに、80％のママやパパが、子どもに絵本を読んであげるようになるそうです。

　膝の上にちょこんと子どもを座らせ、絵本を読んであげる。はじめは、絵を見たり、お話を聞いたりするよりは、ページを触ったり、めくったりすることの方が楽しいようです。それでも、毎日繰り返し同じ絵本を読んであげていると、そのうち、絵やお話に注目するようになります。

　1歳頃に読んであげる絵本は、シンプルな絵に、シンプルなことばの反復で綴られているものの方が、子どもも飽きずに楽しめます。また、子どもが喜ぶなら、絵本はどんな読み方をしても自由です。

　例えば、しばらく読み進めたところで、「次は、どうなるのかなぁ～」と少しもったいぶってみせる。子どもは、次のお話を見たくてページをめくろうとするかもしれませんね。そんな頃合いを見計らって、続きを読み進めます。

　時には、絵本に描かれた絵のことを尋ねてみる。「ゾウさん、どこにいるのかな？」。子どもは、この問いかけに、ゾウさんを指差しで教えてくれる。

　歌に自信があれば、自作の歌を披露したり、「ジャンジャ、ジャンジャ……」と、映画さながらの効果音を入れてみる。こうすれば、さらに期待が高まるかもしれませんね。

　絵本の読み聞かせは、大人の膝の上で楽しむお散歩みたいなものです。子どもは大人と一緒に、絵本を通して、まだ知らない、

いろんなワクワクを楽しむ旅をするのです。

⑫ お鼻はどこだ？

　寝ぼけ眼のまま、鏡の前に立ってのぞいた自分の顔に、マジックで落書きされていたら……あなたは、慌てて顔の落書きに手をやるでしょう。そして、こうつぶやく。
　「誰だ、こんなイタズラをした奴は！！」
　さて、話は変わりますが、1歳前の赤ちゃんは、鏡に映る自分の姿を見ると、鏡に向かって笑いかけたりします。まるでそこにお友達がいるかのようです。実際、自分の体を触って、「自分の体が映っているぞ」と確認するようなそぶりは見せません。自分の体が鏡に映っているという認識は、はっきりとは持てていないように見えます。
　ところが1歳半を過ぎると、少し様子が変わってきます。鏡に映る自分の姿を見て、何だか照れたような仕草をしたり、困ったような表情をしたりします。自分がそこに映っている……そんな感覚が理解できているようにも見えます。
　ここで、先ほどのイタズラをしてみるとどうなるでしょう。子どもが遊びに夢中になっている時に、気付かれないようにそっと食紅をおでこに塗っておきます。
　その姿を鏡に映すと、子どもも「あれ！？」と食紅に気付き、鏡に映った自分ではなく、自分のおでこを触ります。
　「誰だ、こんなイタズラした奴は」。

さて、実際のところ、自分への気づきはどうなのでしょう。子どもの名前を呼んで「○○ちゃんは、ど〜こだ」と聞いてみる。自分の方を指差します。「○○ちゃんの、お鼻はどこ〜だ？」。自分のお鼻を指差します。

　自分の鼻は、自分では見えないのに、その位置が身体のどこにあるのかが、ちゃんと分かっているようです。

⑬ "トーマ" はどこだ？

　子どもが、クルマのおもちゃを乱暴に積み木にぶつける遊びに熱中しています。大人は、こうした過激な遊びは、子どもにとって望ましい遊びには思えませんから、注意をひき離そうと、遊びとは無関係に「あっ、ミッキーだ」と背後から唐突に話しかけるかもしれません。でも、これでは「クルマがぶつかる」ことが「ミッキー」と誤学習してしまう可能性がでてきます。

　日常ではこのように、子どもが注意を向けている物や活動に対して、それとは異なることばをかけてしまうことが、少なからずあります。

　一方、大人が関心をもって注意を向けている物や活動を子どもはどのように見ているのでしょうか。

　2歳の子どもを対象にした、面白い研究があります。

　大人が、子どもの目を見ながら「トーマを探そう」とだけ言います。ちなみに「トーマ」は、研究用に作られたことばです。そして、予め用意してあった5つのバケツの蓋を1つずつ開けてい

きます。

　最初の２つのバケツを開けた時、大人は残念そうに「あ〜」と言います。そして３つ目のバケツを開けた時には、「わ〜」と喜んだ様子を子どもに見せました。ただし、「これがトーマである」とは名づけません。その後４、５つ目のバケツも開けますが、これにはまた残念そうに振る舞いました。

　さて、子どもにバケツの中身をすべて見せた後で「トーマを持ってきて」と伝えました。すると子どもは、大人が「わ〜」と喜んで見せた、３番目のバケツに入っていた物を持ってきて、これが「トーマ」と答えました。

　大人がどこへ注意を向けているのか、その対象にどのような「想い」を持っているのかを、表情やしぐさで"はっきりと子どもに見せる"ことが、ことばを教えていく上で重要なのです。

14 マネをしない！？　その１

　マネをする力が育ちにくい子がいます。そのため、大人の「想い」も上手に汲み取れません。これは、ママ、パパにとってはとてもつらいことです。あるママが発達相談の席で、こう聞いてきました。「私は、この子に母親として認められているのでしょうか」と。

　そこで、私はママと一緒に、積み木とお皿を使って、子どもと遊んでみました。まずは私が、子どもが積み木に注目している時に、積み木をコロンと転がします。積み木は音を立ててお皿の中に入りました。

次に、子どもに積み木を持たせましたが、私のマネをする気配がなかったので、ママに子どもの手をとってもらい、お手伝いをしてもらいました。すると、「コロン」と積み木は転がり、お皿の中に落ちました。ママは喜んで、頭を撫でながら褒めてあげました。

　今度はママの番です。そして私がお手伝い。子どもが積み木に注目しているところを確認します。もし、子どもが積み木に注目していない時は、軽く積み木を「コン、コン」と机に当て、注目を促してもよいかもしれません。

　子どもが積み木に注目したところで、「コロン」と積み木を転がします。すると子どもも、「コロン」。そこでまた褒めます。

　今度は、机の上のお皿の位置を少しずつ変え、積み木を持たせるお手伝いも少しずつ減らします。

　ママが「コロン」、子どもも「コロン」。同じようにマネをしない時は、ちょっとだけ、お手伝いをします。同じような方法で、今度は別のおもちゃである「型はめパズル」の型をはめてみせました。少しずつですが、ママのした後に、子どももそれをはめました。

　慌てず焦らず、できない時には手伝ってあげればよいのです。少しでもうまくいっているように見えれば、すぐ褒める。

　本当は、子どももママと一緒にいることがうれしいのです。「想い」を共有する術が分からないだけなのです。だからこそ、お互いの「想い」は伝わっていると「想い込む」ことが大切な時もあると思います。

一緒にやってみよう

15 マネをしない！？　その2

　遊びの中で「こうしてごらんなさい」と大人がモデルを示す。でもなかなか、すぐにマネをしない子がいます。しまいに、大人は何としてもそれを"させよう"という気持ちが強くなってきます。なかなかマネしようとしないと、つい「こうだよ」「違う、こう！」となりがちです。そのうち、何としても"させねば"と頑張ってしまうことも……。

　でも、こんな時こそ、子どもの「想い」に、「想い」を寄せてみましょう。つまり、子ども目線で考えてみる。

　子どもからすると、そもそも大人がやっていることに興味がないのです。私たちだって、唐突に、自分の興味のないことを「さぁ、やって！」と言われて喜んでするでしょうか。第一、「やってみて」と言われても、なぜ、それをやらなければならないのかが分からない。

　では、次のようにしてみましょう。これは、実際に有効性が確かめられているトレーニング方法の一つです。

　まずは、子どもがやっていることを、大人の方がマネをしてみる。例えば、今、子どもがミニカーのタイヤをクルクルと回していたら、大人もそれを「ブーン、ブーン」と言いながらマネをしてみます。もともと、子どもは、その遊びを好んでやっているのです。何度も何度もマネしてみましょう。そのうち、子どもの方が、大人のミニカー遊びに注目するようになります。

　今度は、ちょっとだけ本来のミニカーの遊びに近づけてみる。タイヤを回した後、ミニカーのドアを開けてみる。もし、少しで

同じことをしてみよう

もマネするような動きが見られたら、褒めてあげてください。
　大切なことは、「マネさせる前に、まずは大人が子どものマネをする」です。

🔲16 あんよ、あげて

　１歳半を迎える頃には、少しずつですが、大人が何を意図してことばを使っているのか、子どもなりに理解しようとするようになります。
　絵本を見ながら「カバさんは、どこ？」と聞けば、カバを指差して教えてくれるし、「ママのお口はどこかな〜？」と聞けば、ママの口を指差して教えてくれる。
　こんなやり取りが少しずつ増えてきたら、こんなことをしてみてはいかがでしょう。
　外に出る時は、靴を履いたり、帽子を被ったりします。そこで、靴や帽子を見せながら「お出かけするよ」と伝えます。
　靴を履く際にも靴を持って「お靴履こうね。あんよあげて」と伝えます。
　さて、子どもの様子はどうでしょうか？　何のことかわからず、ポカンと突っ立っているかもしれませんね。
　そんな時は、「あんよ」と言いながら足を、つっ突いてみましょう。もし、少しでも子どもの足が動いたら、「じょうず！お靴履いてお出かけしようね」と言いながら、靴を履かせてあげます。
　お散歩に出かける前は、これを繰り返してみます。時には、ことばをかけてから、いつもよりほんの少しだけ子どもの反応を

待ってみてください。子どもから、履かせてと足を動かしてきたら、その瞬間に褒めながら「お靴、履こうね！」と履かせてあげます。

　お風呂でも同じようなことができます。体を洗いながら、「お手てちょうだい」「あんよちょうだい」と動作を促してみましょう。さらには着替えの時も、「手、あげて」「足、あげて」と伝えてみましょう。

　ことばを聞いて大人の意図を汲み取る場面は、実は日常の中にいっぱい転がっていますよ。

コラム4　　　　自閉スペクトラム症

　自閉スペクトラム症という、通常の発達的特徴とは異なる発達をする子どもたちがいます。その症状は、共同注意がいつまでも成立しなかったり、叙述の指差しがなかなか見られなかったり、「お鼻はどこ」などに応じた指差しが見られない、模倣が乏しいといったことで明らかになってきます。

　そのため、人との共感関係がなかなか築けません。ことばの発達は、遅れが見られる子から、ほとんど同年齢の子どもたちと差がない子まで様々です。

　また、合わせて変化への柔軟な対応がとても苦手で、特定の物をいつまでも同じ扱い方で遊び続けていたり、いつもと違うことが起こるとその変化をなかなか受け入れられず、いつまでも大泣きし続けたりなどが見られます。中には、通常は気にならない刺激にとても敏感で、癇癪を起こしやすいなど育てにくさを感じることもあります。

　多くは2歳の誕生日までにこうした症状が顕著になってきますが、1歳頃までには、「何か違う」と気づく場合もあります。

　なお、人との共感関係がなかなか築けないものの、急な変更などの受け入れもよい場合などは、**社会的（語用論的）コミュニケーション症**といい、自閉スペクトラム症とは異なる診断になります。

　いずれの場合も、これらの症状に早期に気づき、適切な療

育を受けながら、日常での関わり方を学ぶことで、予後は随分と変わってきます。

　発達の様子で気になることがあれば、1歳6ヶ月児健康診査などで相談することをお勧めします。個別の相談支援などを受けることができますし、様々な療育に関する情報ももらうことができます。

　不安は大きいかもしれませんが、大丈夫です。必ず、子どもの発達を促す手立てについて、一緒に考えてくれます。

　また、本書であげられている関わり方や、遊び方の中には、自閉スペクトラム症の症状を改善できたという報告のあったものをいくつか掲載しています。無理のない範囲で、実際に試してみるのもよいかと思います。

⑰ はじめてのお使い

　子どもが、はじめてのお使いをするテレビ番組があります。子どもの大冒険に、見ている大人はハラハラ、ドキドキです。いつも一緒にいるママやパパはいませんが、勇気を出して難関を突破する姿は感動的です。

　それにしても、親が買い物するところや、出かける時にしていることを、子どもは本当によく見ているものだなと感心します。

　さて、ここでもお使いの話です。とはいっても、家の中での、はじめてのお使いです。「○○はどこにある？」という質問に、指差しで教えてくれるようになったら、簡単なお使いの練習をしてみましょう。

　例えば、「パパに新聞を持っていって」と言いながら、新聞を子どもに持たせます。なかなか動かない時には、パパの方から呼んであげてもオッケーです。もちろんお使いが無事できたら、大いに褒めてあげましょう。新聞は毎日読むものですから、このお使いのチャンスも毎日あります。

　他にも、「あの箱に、おもちゃしまってきて」と言って、おもちゃを子どもに手渡してみましょう。新聞と同じように、おもちゃをパパに運ぼうとしたら、箱を指差して「あそこに入れて」と子どもの動きを箱の方向へと促します。ここでも大人の援助を少しずつ減らし、お使いが完了した時点で、大いに褒めます。紙くずを渡して、「ごみ箱にポイしてきて」というお使いもいいですね。

　これが十分にできるようになってきたら、ぬいぐるみを指差して「お人形、とってきて」と、今度は物を持たせずに、ことばを

お使いできるよ！

聞くだけのお使いです。はじめは少し大人の手伝いが必要かもしれませんが、繰り返し続けていると少しずつ身につけていきます。

18 ちがうよ！

　指差しや、ことばを使うことで、子どもは自分の様々な想いを伝えようとします。想いは、「ブーブー（車）」のようなものの名前から、簡単な動作を表す「チョーダイ」など、二語文、三語文程度と文章とまではいきませんが、それでも言葉で伝えようという気持ちは、どんどんと強くなってきます。

　私の家では、息子のお気に入りのアンパンマンのマグネットが、家の冷蔵庫や、アルミ製クローゼットドアにくっついていました。これらは息子がなかなか手にできない高さにくっついていたので、彼はそれをなんとか手に入れようと、「アンパンマン！」と一生懸命伝えてきました。そこで、アンパンマンのマグネットを、とってあげます。仲間のキャラクターのマグネットもあり、「ばいきんまん」「しょくぱんまん」と、子どもがことばにしたら、そのマグネットをとってあげました。

　キャラクターの名称はよく覚えていて、ことばにすれば、どんどんとそれが手に入るわけです。これはちょっとおもしろい遊びに思えたのでしょう。

　そこで、私もちょっと意地悪をしてみます。子どもが「カレーパンマン」と言ったので、「そうだね、カレーパンマンだね」とだけ答えました。すると「ちがう、とって」という意味なのでしょ

うか、もう一度「カレーパンマン！！」と言ってきました。「カレーパンマンが欲しいの？」と私が聞くと「ウン」。

　これで、会話が成立しました。私は「はい、カレーパンマンどうぞ」と言ってそれをとってあげました。

　あまり意地悪する時間が長すぎると、こうした反応は徐々に弱くなってしまうので注意が必要ですが、要求の場面では、ことばを使うきっかけが作りやすいのです。

19 「動き」は消える！？

　子どもに物の名称を教えることは、比較的容易です。なぜなら、一瞬で目の前から消滅しない限り、伝え続けることが可能だからです。

　雪のように、いずれ消えてしまうものでも、しばらくの間は、その形をとどめています。その間は、「雪だるま作ろう」「ほら、雪だるま、できたよ」と何度も伝えるチャンスがあります。子どもも、作っている間は、一貫してその白い物体が「ユキダルマ」と命名されているわけですから、小さな雪だるまを手にしながら、「ダーマ（ダルマ）、ダーマ」などと命名できます。

　では、「動詞」はどうでしょう。動きは常に刻一刻と変化しているので、ビデオにでも録画しない限り、形をとどめていることはありません。

　例えば「片づけ」。「ほら、片づけはこうしてね、このおもちゃを、この箱に入れる、この瞬間が片づけるっていうのよ」と、動

いているところを解説したとします。確かに、片づけているところを見せることはできますが、おそらく動きのどの部分が「片づけ」なのか、子どもにはなかなか伝わりにくいのです。

でも、こうしてみたらどうでしょう。「ほら、見て！」と言って、子どもにおもちゃを見せて、「さぁ、片づけるよ」と言った後に、そのおもちゃを箱の中に入れます。そして片づけた後に「はい、片づけた」とまた伝える。

ある研究によると、子どもが最も動詞を学習するのは、「その行為が起こりそうな状況」で、次が「その行為が起こった後」だそうです。また、最も学習しないのが、それが起こっている最中であると言われています。

20 お手伝いのススメ

基本的に大人をマネすることで、子どもは、多くのことを学びます。そんな子どもにとって、家事は、とても魅力的な活動です。料理を作るところ、洗濯物を干すところ、掃除機をかけるところを見ると、自分もやってみたいという気持ちが湧いてくるようです。

でも、まだまだ小さな子どもですから、「後はよろしくね」と任せたところで、何もできません。

そこで、一部分だけ手伝わせるというのはいかがでしょうか？

料理であれば、火を消してから、お玉でスープをかき混ぜるところだけをしてもらう。まだまだ上手に混ぜられませんが、大人

が手を添えながら、一緒にやってみます。洗濯物を干すのであれば、最後の一枚だけ洗濯バサミで止めさせてあげます。掃除機は、最初からさせろと言って聞かずに、かえって大人を困らせるかもしれませんね。

　実際の生活で、こうしたお手伝いを体験していることが、ことばの発達、中でもイメージする力の発達に大きな役割を果たします。後々のことになりますが、お料理に携わった経験のある子どものままごと遊びは、それを経験していない子どもと比べ、その中身も随分と違ってきます。

　例えば、ままごと遊びの中で、何かを混ぜるとします。この時、実際に混ぜた経験がある子どもと、ママがやるところをただ見ていただけの子どもとでは、イメージする内容が全く異なります。実際にスープを混ぜる感覚までをイメージできるか、ただお玉を使っている様子をマネするかの違いとなって現れてくるのです。

㉑ みたて遊び・ごっこ遊び

　子どもが、お気に入りのぬいぐるみで遊んでいます。ぬいぐるみの口元にスプーンのおもちゃを持っていったり、おもちゃのコップで、何やら飲ませようとしたり……。ママやパパから牛乳を飲ませてもらったり、スプーンでごはんを食べさせてもらったりしているところを再現しているのでしょうか。

　最近のままごとセットは、おもちゃとはいえ、なかなかリアルにできています。子どもが、野菜や果物をお皿に盛りつけて、ご

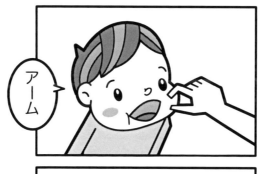

馳走してくれるなんてこともあるでしょう。ブラシで髪の毛をとかしてもらっている子どもは、ぬいぐるみにおめかしするために、ぬいぐるみの頭にブラシをあててあげます。こうした遊びは、ことばが増え始めるのと同時に増えてきます。

　他にも、絵本の中にある果物をつまむマネをして、子どもの口に持っていってあげます。すると、子どももそれをマネして、絵本の中のイチゴをつまんで、大人の口元に運んでくれるでしょう。「おいしい！」と言ってあげると、もう一つ口に運んでくれる。実際には、つまんでいないのですが、それがそこにあるかのように振る舞うことができるのです。

　こういったみたて遊びやごっこ遊びは、ことばの発達に必要な「イメージする力」を育てることに繋がります。

　積み木でトラックの形を作ってあげて、「ほら、トラック」と言って見せてあげます。子どもは、それを見て同じものを作り、積み木のトラックが壊れないように走らせました。これもイメージの力があるからこそできる遊びです。

22 二語文

　ある心理学者が、子どもがことばを話し始めたことを機に、中国語をマスターしようと試みたそうです。子どもが覚えた数と同じだけ、中国語を覚えていきます。数ヵ月は、1週間に1、2個程度というペースでしたから、余裕がありました。ところが半年もすると、子どもは1日に数語と一気にペースをあげていきまし

た。さらに半年もすると、もはや子どもと同じペースで、ことばを覚えていくことはできなくなってしまったそうです。

　さて、2歳を迎える頃には、子どもは日常の様子をどんどんと、ことばにしていくようになります。そして、いずれ単語を繋げ文章になっていきます。

　私の息子は、2歳の頃「○○、イイ」という表現を多用した時期がありました。「ジュース、イイ」と言えば、それは「ジュースが欲しい」という意味です。欲しい物には「○○、イイ」と伝える。

　数ヵ月ぶりに、実家を訪れた時の話です。息子が、おばあちゃんと二人で、果物を買いに出かけました。おばあちゃんが「桃、食べよっか？」と尋ねたところ、息子は「モモ、イイ」と答えました。おばあちゃんは「えっ、桃いいの？」と聞き返したところ、もう一度「モモ、イイ」と繰り返したそうです。

　結局、二人は桃を買わずに帰ってきました。生活を共にしている私にしてみれば、息子の「モモ、イイ」は「桃がいいね」という意味です。しかし、おばあちゃんには「桃は、いらない」と伝わったようです。

　ことばでのやり取りが成立するには、共に暮らすことも関係しているのですね。

23 もっとちょうだい

　一昔前に行われていた、子どものことばの発達を促すための指

導方法に次のようなものがありました。

　椅子に向かい合って座り、ライオンの絵カードを見せて「これは何？」と聞く。これに対して、子どもは「ライオン」と言う。するとチョコレートが一つもらえる、というものです。この指導方法が子どもにとって分かりにくいのは、「ライオン」の絵カードに対して、「ライオン」と言うとチョコレートがもらえることにあります。

　まず、実際の生活で、日常的に街でライオンに出会うことはありません。仮に、ライオンに出会い「ライオン」と言っても、その直後にチョコレートが手に入ることもありません。日常とはあまりにかけ離れた指導方法でした。

　日常で使える言葉を指導するためには、「ことばを使う状況」と「必要性」を、仕掛けとして作れるかが重要になります。

　例えば、夏の暑い日に、散歩から帰った時は、汗もかき、のども渇きます。そこで、子どもと一緒に冷たいジュースを飲む。ここは一気に、グッと飲みたいところですが、あえていつもより飲ませる量を減らします。当然、子どもはすぐに飲み干し、物足りなさそう。そこで、「もっと飲む？」と聞いてみます。子どもは即座に「もっと！」と答えます。こんなことを繰り返していると、「モット、ジュース」と自らことばでお替わりを求めてくるようになるでしょう。

　「のどが渇いた活動の後」に、「飲み物を手に入れる場面」を仕掛けとして作れば、それにまつわる効果的なことばの指導が行えるのです。

○○ちょうだい

コラム5
絵カード交換式コミュニケーション・システム

　自閉スペクトラム症など、コミュニケーションに様々なトラブルを抱える子どもたちに有効なトレーニングとして、「**絵カード交換式コミュニケーション・システム（The Picture Exchange Communication System）**」があります。通称、**PECS（「ペクス」と読みます）**といいます。
　PECSでは、トレーニングに入る前に、「欲しいモノを要求したり、助けを呼ぶ」ことや、「うん、そうだよ」と肯定したり、「イヤだ」と否定をすることを、今現在「どのような方法で伝えているか」しっかりと把握します。
　さらに、「待っていて」や「○○行くよ」「○○して」など、「人が伝えたいことを理解して行動できているか」についても把握します。
　このように事前に、子どもの行動の実態を把握することを「アセスメント」といいます。これは、どのようなトレーニングでも共通して重視されている手続きです。
　子どものコミュニケーションの実態が明らかになったら、PECSでは、整理された環境の中で、絵カードをコミュニケーションツールとして、段階的にトレーニングをしていきます。
　例えば、子どもの大好きなおもちゃがあったとします。そのおもちゃを手に入れたいけれど、直接手にすることができ

ません。そこで、子どもは容易に手にすることができる、その欲しいおもちゃの絵カードをとって、大人に手渡します。すると、大人がそのおもちゃをくれるといったやり取りをしていく。これを段階的に拡充していきます。

　よく「絵カードなんかに頼ってばかりいると、ことばを話さなくなるのではないか」という指摘もありますが、そのようなことはありません。逆に、伝えたいことがあるにもかかわらず、それが相手に伝わらなければ、癇癪が起こりやすくなるか、誤った方法で（問題のある行動で）伝えようとする頻度が増える可能性があります。

24 とけあうことば

　2歳を過ぎた頃から、子どもは「大きな〇〇」という表現を使うようになります。例えば、「オオキイ、ゾウ」「オオキイ、クルマ」など。

　これらは、どのような経過を経て日常的に使われるようになるのでしょうか。一つは、散歩やお出かけの時に、大人が実物を見せながら「大きな車だね」「ぞうさん、大きいね」と伝えていたからです。もちろん、そこには「すごい迫力でしょう！」という、「想い」も添えられています。子どもも、実際のゾウや、迫力あるトラックに圧倒され、「想い」と「ことば」が心の中でとけあい、「大きい」の意味を知ったのです。

　ところで「大きい」は、「小さい」ものとの関係で使われます。トラックが「大きい」のは、それが乗用車と比べられているからです。またゾウが「大きい」のは、犬や猫と比べて大きいのです。となると子どもは、本物のトラックや、乗用車、ゾウ、犬、猫の大きさを、既に体感している必要があります。これはとても重要なことです。

　もし大きい、小さいという関係だけを教えたいのであれば、大きな丸と小さな丸を並べ、どちらが大きいかを答える練習でよいのです。

　しかし、これでは本当に活きたことばにはなりません。もちろん、子どもに教えたいという「想い」があることは否定しません。でも、少なからずこの「想い」は、子どもの「想い」とはとけあってはいません。その分、人とのコミュニケーションの中で使う、

活きたことばにはなりにくいのです。

25 自立する力

　どこの家庭でも、箸やスプーン、コップ、お皿などは、子ども用と大人用が分けられていることでしょう。大人の長い箸や、大きなスプーンは子どもの口には合いません。大人と同じお皿のサイズでは、食べる量が少ない子どもにはミスマッチです。素材も、プラスチックでできており、割れにくく、軽くて持ちやすいものが多い。

　食事は朝、昼、晩と毎日繰り返される営みです。となると、これらの食器を使う場面も、毎日、必ずと言っていいくらい用意されています。

　それでは、こんなお手伝いをさせてみましょう。

　食事前は、空のコップを子どもに持たせて、「○○ちゃんのコップをテーブルに持って行って」と食卓に運ばせ、食べ終わったら、ごちそうさまをして「○○ちゃんのお皿、お片づけしよう！」と、空になったお椀やお皿、コップを台所まで運ばせます。

　さて、お皿やお椀を上手に運ぶためには、お皿を大きい物から順に重ねられなければなりません。つまり大小の比較をする力を、生活の中で活かす場面となるのです。

　はじめはできなくて当たり前です。サポートしてあげ、少しでもできたら褒めてあげてください。せっかくなので、できたら「ありがとう」も忘れずに伝えましょう。

自分のお皿やお椀の片づけができるようになったら、他の家族の分もお手伝いさせます。続けていれば、一人でごはんを運び、食べ終わったらそれを片づけるという習慣が身につきます。この毎日の小さな積み重ねが、いずれ自立という大きな力に繋がるのです。

26 じょうずに話せない

　子どもが、二語文（例えば「ワンワン、イッタ」）、三語文（「ワンワン、オオキイノ、ミタ」）、多語文と、文章でお話をするようになると、いくつかの質問をよく受けます。

　一つは「なかなか、正しい文章にならないのだが、このままでよいのか」という質問です。例えば「ワンワン　ガ̇　イッタ」「オオキイ　ワンワン　ヲ̇　ミタ」と言えず、「ワンワン、イッタ」「ワンワン、オッキィ」と言うのだが、正しい言い方に、言い直させるべきかといったことです。

　ここで押さえておかなければならないことは、言い直しを頻繁にさせると、子どもの伝えたい「想い」を凹ませることになるということです。子どもは「想い」を伝えようと、ことばを話します。文法に忠実に話すことよりも、「想い」が伝わることが優先されるべきです。

　大人は、子どもの「想い」に共感しながら、確認の意味も込めて、正しい表現に言い換えて伝えてあげればよいでしょう。

　子どもが犬を見ながら「ワンワン、オッキィノ、ミタ」と言っ

気持ちを伝えたい！

たら、「大きい犬を見たのね」と確認だけする。これだけでよいのです。言い直しをさせる必要はありません。

　もう一つの質問は、「吃音(きつおん)が気になる」というものです。多かれ少なかれ、３歳頃の子どもは、一生懸命ことばで「想い」を伝えようとするのですが、滑らかにことばが頭に浮かんでこないため、"どもる"ことがあります。それでも３歳頃に大切にしてほしいことは、やはり伝えたい「想い」の方です。ことばをうまく発音することに気をとられていては、伝えたい「想い」が二の次になってしまい、伝わる喜びも感じられなくなってしまいます。

　言い直しの強要により、話をすることが苦痛になる。だんだんと話さなくなる。話さなければ、いつまでもうまくならない。こんな悪循環に陥ってしまっては、元も子もありません。

㉗ お絵描き

　スプーンやフォーク、箸など、道具の使用になじんでくると、クレヨンや色鉛筆、マジックを使って、お絵描きを楽しみます。はじめはなぐり描きであったり、グルグルと丸を描くだけだったりと色々です。正直、何を描いているのか、よく分かりませんが、そこには子どもの「想い」が詰まっています。「何かな、これは？」と子どもに尋ねてみると、絵に込められた「想い」が、ことばになって溢れてきます。

　グルグル丸ではなく、一重丸が上手に描けるようになると、絵の中に、人"らしき"姿が登場します。とはいっても、顔から直

接、手や足が伸びている宇宙人のような姿です。これを頭足人（とうそくじん）といいます。人への「想い」を絵にすると、はじめは、こんな形になって現れるのですね。

　使う色も様々です。比較的よく使用される色は、黒や赤と言われています。まだ空や地面、太陽などは登場しませんし、空は青、地面は茶色といった色使いはありません。でもステキな絵です。時には「えっ、顔が紫？」と、ちょっとドン引きしてしまうこともありますが、心配はいりません。子どもの絵は自由なのです。

　せっかくですので、生活の中での色への関わり方を工夫してみましょう。例えば、日常生活の中で、とても大切な色は信号の色です。「赤は、とまれ！」「青は、行くよ」。信号は町の至る所にありますから、こんなことばをかけるチャンスはいくらでもあります。

　「消防車、赤い色で、救急車は白だね」。消防署の前でも、こんなお話ができますね。

㉘ 叱る、怒る

　もし、子どもがとても危険なことをしていたら、あるいは周囲の人を困らせるようないたずらをしていたら……。

　こんな時「あ〜、またあんなことして、イライラする！　いい加減にしなさい！」と、感情にまかせてつい怒鳴ってしまうことがあります。これを「怒る」といいます。「怒鳴る」は、自分の感情を、とにかく外に吐き出す行為なのです。

第2章　幼児編【前篇】

一方、これを放っておいたら、この先、子どものためにならないので、「どうするべきだったのか」、あるいは「なぜ、こんなことになったのか」、「どこが誤っていたのか」を、子どもに分かるように伝える。これを「叱る」といいます。「叱る」ことは、大人が子どもに教える行為の一つですから、とても大切なことです。
　「怒る」と「叱る」は、どちらも同じような意味を持つようにも思えますが、どの様な「想い」をもって子どもに関わるかという点で大きく異なってきます。
　感情だけをそのままぶつけられ続ければ、子どもは逃げる、隠すことしか考えなくなるかもしれません。
　大人も、ちょっと振り返ってみたら「八つ当たりだったかも」と気づく時もあります。そんな時は「さっきは、怒りすぎた。ごめんね」と素直に謝るべきです。
　また、叱らなければならない時は、真剣な表情で伝えます。多少は強いことばになることもあるかもしれませんが、ダラダラとことばを並べ過ぎるのもいけません。
　「どうすべきであったのか」をはっきりと伝え、次にそれを一緒に一度やってみる。そして、練習の時でもそれができたらその場ですぐに褒める。これを繰り返していくことで、子どもはどうすべきであったのかを学習していきます。

29 いや！、いや！

「あれやる」「これやる」。そうかと思えば、今度は「イヤ、イヤ」と大騒ぎ。2歳を過ぎると、子どもはとにかく扱いにくくなります。

ところが3歳を迎える頃には、少しばかり様子が変わってきます。今までなら、「やりたい」「イヤ」がはっきりしていたものが、「う〜ん、いい、やらない」と少し物事に慎重な態度を示すようになります。時には今までやっていたこと、できていたことですら「できない」「しない」と言いだす始末です。なぜ、こうした慎重な態度を示すのか、大人にはその理由が分からないため、どのように対応してよいか困ってしまいます。

このような姿を反抗期と呼ぶようです。ただし、この言葉の使い方は正確ではありません。子どもは親に反抗しているのではなく、自分の心と葛藤しているのです。

「うまくできないかもしれない。自信がないな……、やめておこうかな……」と迷っています。でもそれをどのように伝えてよいかわからないのです。それが「う〜ん、いい、やらない」という表現になっています。ですから、無理にやらせようとすれば、逆効果でしょう。

となると、この時期の子どもとの付き合い方は、どうすればよいのでしょうか。

まずは子どもの心の葛藤を理解してあげることです。「そっか、やりたくないんだね」と受けとめる。そして、もっと簡単な他の活動を提案してみましょう。子どもも、これには乗ってくるでしょ

う。
　さらに、この時期の子どもにとっての魔法のことばがあります。それは「イイね、すごいね」です。たとえ、どんなに簡単で、些細なことであっても、それができたら褒める。プロのカメラマンが、モデルさんを撮影する時に、必要以上に褒めまくっていますよね。あれと同じテクニックです。そのうち、さっきまで「いい、やらない」と言っていたことを、始めているかもしれません。

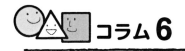 **コラム6　応用行動分析学**

　人間の行動の原理について説明した学問に、**応用行動分析学**があります。学問と聞くと少々堅苦しいのですが、この学問の考え方は意外と身近にあります。

　この原理では、私たちの行動は、その行動を起こした**直後**に、その人にとって好ましいことが起こると、増加し、維持していくということを明らかにしています。

　例えば、子どもが「お手伝いをする」という行動を起こしたとします。その直後に、この子どもが、褒められたとしましょう。**もし**「褒められる」ということが、**子どもにとって好ましいこと**であれば、この子どもの「お手伝いをする」という行動は、増加し、維持していきます。

　「もし」と、わざわざ断ったのは、「褒められる」ことが必ずしも、すべての子どもにとって、好ましいとは限らないからです。抱きしめられることが好ましいと感じている子どももいますし、おやつのビスケットが食べられることを好ましいことと感じている子どももいます。重要なことは、一人ひとり、好ましいことは異なっているということです。

　この原理を知っていると、子どもの様々な行動への対応が検討できるようになります。

　例えば、子どもがお菓子を買ってくれと大きな声で「泣き叫ぶ」という行動をしています。お母さんははじめは、「絶対に買いません」と言っています。すると子どもは、さらに

大きな声で泣き叫びました。お母さんはとうとう、その泣き叫ぶ声に耐えられなくなり「今日だけだからね！」と言って、お菓子を買ってあげました。すると次の日も、子どもは「お菓子買って」と、昨日と同じくらい大きな声で泣くようになっていました。なぜでしょうか？

　もうお分かりですね。「大きな声で泣き叫ぶ」という行動の後に、「お菓子を買ってもらえる」という、この子どもにとって、好ましいことが起こっていたからです。

　あるいは、子どもがスーパーでお母さんに黙ってついて行って、買い物のお手伝いをするという行動をしていたとします。そこでお母さんは、ご褒美に「買い物のお手伝いありがとう」と言って、お菓子を買ってあげたとします。子どもは、次の日も買い物の手伝いをしました。この理由もお分かりですね。「買い物のお手伝いをする」という行動の後に、「お菓子を買ってもらえる」という、この子どもにとって好ましいことが起こったからです。

　つまり、よい行動をするのも、わるい行動をするのも、その行動の後に、子どもにとって好ましい結果が起こっているからなのです。

　行動の原理に従えば、子どもが**よい行動**をした時には、その直後に子どもにとって好ましいことを積極的に提供すればよい行動は増えていくということになります。

　しかしながら「好ましいことがないと、何もしない子どもになってしまうのではないか」という批判を受けることがよくあります。でも考えてみてください。あなたが、一生懸命

仕事をするという行動を起こしているにもかかわらず、誰にも喜ばれず、またお給料がもらえなくても、あなたは仕事を続けるでしょうか？
　私たち大人も、実は同じ行動の原理のもとで生活をしているのです。

30 動物園は臭い！？

　遠足の定番スポットといえば動物園です。最近の動物園は、ただ動物を檻の外から眺めるだけではなく、動物の生態を知ってもらおうと、直接動物に触れることができるなど様々な工夫がなされていて、飽きない仕掛けがいっぱいです。

　遠足から帰ると、子どもたちは興奮気味に「ゾウがでかかった」や「ウサギ、さわったよ」など、いろんな話をしてくれます。

　生き物には本当に不思議な魅力がありますね。私も、発達相談に来た子どもと一緒に、よく相談室の近くにあった池の鯉を見に行きました。そこでエサを子どもと一緒に池へポチョンと投げ入れます。たちまち鯉が集まってきて、子どもは大喜びでした。お母さんのところに戻ると、子どもは早速、鯉のことを報告していました。やはり、体験に勝るものはありません。

　ここで一つ押さえておきたいことに「感覚を育てる」ことをポイントとしてあげておきたいと思います。実際、遠足から帰ってきて「ゾウ」ということばを話題にするまで、子どもは色々な感覚を使う体験をしています。

　ゾウにエサのバナナをあげたら、そのバナナが、自分たちが普段食べているものと同じであることを知ります。あの長い鼻がとても器用に、エサをつかみ口に運ぶ様子を目の当たりにします。また、動物園は遊園地などと違い、動物臭や、干し草、糞の臭いが混ざった独特な臭いがします。

　それらすべてが、時に驚きであり、感動であり、嫌悪であり……こうした多くの感覚を通って芽生えた感情が話のタネになる

のです。そして、このタネが大人との会話の中で花開き、より豊かな感情表現へと繋がっていくのです。

第3章
幼児編
【後編】

3歳を過ぎる頃から、子どもはどんどんと自分を表現していきます。そして自我というものが少しずつ形成されていきます。興味関心の広がりも目まぐるしく、好奇心も旺盛になります。一見すると、その姿は落ち着きのなさとして大人には映るかもしれません。

　当然、大人は彼らの奔放さに対して一定の自制を求めることが多くなるでしょう。「○○する」と言い張れば、「それはダメでしょう」「ヤルもん」「勝手にしなさい！」……こういうやり取りが日常的に見られるようになります。一見、わがままにも見えますが、自分という存在が、環境とどう向き合っていくかを少しずつ学ぶ時期に入ります。つまり「社会性」というテーマと向き合うことになるのです。

　自分と家族、自分と友達、自分と先生、様々な関係性の中でこころが育ち、ことばの育ちもさらに深化していきます。

　それでは、幼児期の後半（4歳児から就学まで）の子どもの「こころ育て」「ことば育て」の様子を見ていきましょう。

① 「楽しかったね」「うれしかったね」「残念だったね」

　保育園や幼稚園を巡回すると、子どもたちの、集団生活の中での、ことばの発達の様子が観察できます。

　話している会話の内容も、また話し方も、年齢によって随分と異なります。例えば、3歳児の子どもたちは、勝手に話したいことを話してきます。「この先生、お話聞いてくれそう」と思うと、私が他の人と話していようがいまいがおかまいなく、子どもたちは好き勝手に話し始めます。

　一人が「せんせい、きのう、パパと新幹線乗った」と言えば、他の子は「ぼくは、仮面ライダー好き」「○○ちゃんも、△△好き」。もう一斉に話しだします。私は聖徳太子のように一度に10人の話を聞けませんから、どうしても対応は「そう」「へぇ」と、適当になってしまいます。当然ですが、適当な返事に、会話は弾みませんから、子どもたちはそのうち、潮が引いたように別の遊びへと散っていきます。

　これが4歳児の子どもたちだと、少々様子が違います。はじめは、やはり一人が話し始めると「ぼくも」「わたしも」と一斉に話し始めます。そこで、「みんなが、一斉に話すと先生は、お話聞けないから、一人ずつね」と伝える。すると、順番を待って自分の話をしてくれます。つまり、会話には、一定のルールがあると理解できてくるようです。

　一人ずつ話が聞けるので、こちらも話題に合った態度や表情で話をします。「そっか、楽しかったんだ」「それはうれしかったね」「そう、残念だったね」。すると、子どもも、その表情や態度に合

わせ、全身で「うん、たのしかった」「うん、うれしかった」「うん……ざんねんだった」とお話ししてきます。

❷ お風呂で話そう

　子どもが集団生活を送るようになると、親は子どもの生活の一部始終を詳細に知ることができなくなります。その分、親の知らない生活の様子を、子どもは一生懸命伝えようとします。

　子どもの伝えたい想いを大切にするために、できれば、少しでもじっくりと会話を楽しむ時間を作りましょう。私のオススメは、湯船につかってお話をすること。この時間は、たとえ５分程度であっても、子どもとじっくり向き合えます。第一、湯船につかっている時にすることは、他に見当たりませんし……。

　「今日、何して遊んだの」と、聞けば「すなあそび、○○くんとした」など、楽しかったお話が出てくることでしょう。

　でも、子どもによっては「今日、何して遊んだの」という質問に、困ってしまう子もいます。いくつか理由は考えられます。例えば、話したいことは頭の中にあっても、ことばをどのように並べてそれを表現してよいか浮かんでこない。あるいは、質問が漠然としているため、「いつの、どの出来事を話せばよいか」がわかりづらいことなどが考えられます。

　いずれにしても、会話が弾まない時は、保育の様子について、事前に担任の先生から聞いておき、それを、こちらから話題としてふってあげるようにします。

「今日、砂場で遊んだの？」。すると「すなばであそんだ……」と話し出す。「楽しかった？」と尋ねれば、「うん、みず たのしかった」と話が出てくるかもしれません。ここで「へぇ、水遊びしたんだ」と、新しい情報を拾ってあげれば、少しずつ会話は広がっていきます。

③ 自分の話ばかりする子

　子どもたちとお話をしていると、自分の興味のあることを話し続け、こちらの話題には関心を示さない子がいます。
　自分の大好きなキャラクターなどのお話をいっぱいしてくれますが、例えば「今日は、誰とこの教室へ来たの？」と尋ねても「ママ」とだけ答えて、「そっか、ママと何に乗っ……」と次の質問をしようとしたのですが、それが終わる前に、自分の好きな話がまた始まってしまいました。
　でも、その子は、聞き分けが悪いわけではありません。「今は、そのお話はしないよ。先生のお話に答えてくれる？」と、ルールを明確にしてあげると、しばらくは、私の話題に付き合ってくれます。
　もっとも「先生のお話はこれでおしまい」と言ったとたん、自分の話がまた始まりましたが……。
　一方的に話をしようとする特性のある子どもに、大人はつい「その話はもうやめて」と言ってしまいます。でも、子どもからすれば、「やめて」と言われても、「では、どうすればよいのか」がわ

かりません。

　「やめて」ではなく、会話のルールを教えましょう。まずは、交替で話をするというルールを練習することから始めてみます。

　子どもに「まず、私がお話するから聞いていてね」と伝えます。もし、途中で話を挟んできたら、「今は、私が話しているから聞いてね」と伝える。この時、あまり長い時間、聞き役をさせないように気を付けること。

　大人の話が終わったら、「はい、交替。今度は○○ちゃんの番だよ」と言って、大人は話の聞き役に回ります。

　「話題」のキャッチボールから始めてみましょう。

❹ 質問しすぎ、注意

　普段は、とても元気なのですが、こちらから質問したり話題をふると、まったく違うことを始めたり、逃げだしたりする子がいます。

　また、一対一の場面では、自分の名前も、年齢もはっきりと言えるのですが、みんなの前に出るとうつむいて一言も話せなくなってしまう子もいます。

　これらの子どもたちに共通していることは、話をすることが苦手だということです。もしかしたら、話をする場面で失敗した経験があるのかもしれません。

　こうなると「さぁ、これから話すよ」という雰囲気になるだけで警戒モードに入ってしまいます。無理やり「頑張って話してご

代わりに伝えてあげよう

らん」という対応は、まったくの逆効果となります。ではどうすればよいのでしょうか。

　まず、その子どもが一番のびのびと、ことばを話している場面を探し出します。遊びの場面や、制作など具体物（絵や作っている物）がある場面は、比較的よく声が出ていませんか？　大切なことは、この場面を使って、いっぱい話をしてみることです。

　では、みんなの前で話をしなければならない時は、どう対応すればよいのでしょう。

　黙り込んでしまったら、大人が代弁してあげる。「○○って、言いたかったんだよね」と伝え、最後に子どもから同意を得ればよいでしょう。これが安定してできるようになったら、その次は、「○○は好きですか？」と、Yes／No 形式で答えられる質問にします。「うん」や「ううん」などの発声が安定して聞こえるようになったら、その次は「好きな食べ物は何ですか？」と、一言程度で回答できるインタビュー形式にしてみましょう。

　一番低いハードルから、ほんの少しずつ、上げていけばよいのです。

❺ 買い物に行くということ

　子どもにとって、買い物は、多くの学びの機会を提供しています。

　これまでは、「サカナ」という言い方しか知らなかったものが、「タイ」や「サケ」ということばに出会えたり、肉も「ブタ」や「ギュ

ウ」、「トリ」などがあることを知ることができます。こうして、多くのモノの名称を知ることができます。

　スーパーの陳列は、余程のことがない限りそう度々変わるものではありません。もし、子どもがなじみのアイスクリーム売り場に、お母さんやお父さんをガイドできれば、これはなかなかの能力を発揮していることになります。スーパーの構造を、ある程度、頭の中でイメージできていることになるからです。

　でも、買い物中、子どもがジッとしていられず、走り回り困ってしまうという相談を受けることも多々あります。

　確かに、子どもからすれば、大人の買い物にボーっと付き合うのは、退屈なことです。逃げだしたくもなるでしょう。そこで、重要な任務を与えてみませんか？

　買い物カゴを持たせ、比較的軽い商品を持ってもらいます。例えば「パンを、２つ、カゴに入れて」とお願いしてみましょう。重要な任務が与えられれば、子どもの様子も、少しは変わってきませんか。

　そして、最後には、レジでお金を店員さんに渡してもらう。これで買い物の仕組みも、一通り体験することができます。

６　日常に転がる「かず」

　日常生活は、活きた「かず」の学習機会の宝庫です。例えば、湯船に入って10まで数えたら出るというのは、数唱の学習場面となります。

はじめのうちは、10程度で十分です。それも、歌うような感覚で、大人が一緒に唱えてあげましょう。安定して数えられるようになったら、出だしだけ一緒に唱え、また見守ります。もし途中で間違えてしまったら、そこからまた少しだけ一緒に唱え、また見守ります。これに慣れてきたら、今度は指を折りながら一緒に数えてみましょう。はじめはみんな間違えます。失敗したら、教えてあげればよいのです。

　食事の時も、数を取り扱う場面は多くあります。例えば「みんなのお茶碗、準備して」と、子どもにお手伝いを頼めば、子どもは、「みんな」が何人なのか数えなければなりません。はじめは指を使いながら、一緒に数えてあげましょう。何人いるかがわかったら、次に、もう一度その数を、お茶碗で数えることになります。これを毎日のお手伝いとしてやってみましょう。もちろん、できた時は「ありがとう」です。

　買い物も同じ要領で、数の学習場面になります。「アイスクリームをみんなの分、買って帰ろう」ということになれば。日頃のお手伝いの成果が試されるところですね。

　お父さんの帰りが遅くなる時は、お父さんの分が減ることもあるでしょう。これは、いつもの数から1を引くという、引き算の考え方です。お箸を数える時などは、2倍の本数になります。これは掛け算の考え方です。生活の中で経験した数を、机の上で学ぶと、それが算数という教科になるわけです。

全部で何個かな？

7 上手に発音できない

　4歳を過ぎても、「カ行」「サ行」「タ行」「ラ行」がうまく発音できない子どもがいます。例えば、「すいか」が「スイア」になってしまうなどです。他にもいくつかパターンがあるので、子どもの実態を詳細に把握する必要があります。

　まずは運動能力や言語、認知の発達の状態を調べる。これらに遅れがあることで、ことばの発声がうまくできていない場合があります。また、聴覚の状態も調べます。ことばを話すということは、どのように聞こえているかという問題と密接に関係しています。さらに、うまく発音できない音の傾向を調べます。ここで、どのような練習が必要かを明らかにします。

　いずれも専門的な検査が必要です。地域の保健センターなどに問い合わせてみましょう。

　ことばを上手に話せていない理由が明らかになれば、言語聴覚士という専門家が、子どものことばの発達を促す練習や、家や保育園、幼稚園で気を付けることを助言してくれます。

　子どもによっては、周囲の大人から頻繁に、発音の誤りを指摘され、かなり傷つき、ことばの練習に強い抵抗を示すことも少なくありません。そのため、言語聴覚士によることばの練習は、遊びをたくさん取り入れ、楽しい雰囲気の中で行われます。どちらが大きなシャボン玉を作れるか競争したり、口の周りに薄いおせんべいをくっつけて、それをペロッと舐めて食べたり……。

　ことばは、「想い」を伝えるツールです。その「想い」を、「上手に話せなかったらどうしよう」という不安な気持ちに邪魔され

ないよう、大人の日頃の関わり方も気をつけたいものですね。
　また、知的な発達の遅れについては、臨床発達心理士などの専門家が相談に乗ってくれます。詳しい情報については、自治体の児童福祉の窓口や、地域の保健センターなどに問い合わせてみてください。きっと、発達を促すための療育や、具体的な家庭での関わり方など、子育てに関する様々なアドバイスをもらえ、子育ての強い味方になってくれます。

# コラム7　　選択性緘黙症

　先生やお友達と遊んでおり、ことばの理解もしているのですが、幼稚園や保育園ではまったく発声がない子どもがいます。意思表示は首を縦に振ったり、横に振ったりして伝えます。ところが、家に帰れば家族と普通に話をしているので、家族からしてみれば、幼稚園や保育園で、そのような状態にあることが逆に想像できません。

　そのため担任の先生も、「内気な性格なのかな」くらいに考えてしまいがちです。このような状態にあることを、**選択性緘黙症**といいます。この状態を放置することは、症状の固定化に繋がることから、好ましくありません。

　では、日常の中で、どのように対応すればよいのでしょうか。

　まず子どもは「話をしない」のではなく、「話をしたくても、話せなくなってしまう」という理解をする必要があります。私がみていたある小学生は、「話をしようとすると、声が出なくなってしまうんだ」と、症状が改善した時に話してくれました。

　大人が会話を促す時は、子どもが好きなテレビ番組やキャラクターについて話題にすると、子どもの負担も軽減できます。

　問いかけ方は「○○ちゃんは、□□ライダーと、△△戦隊では、どっちが好き」と、Yes／No形式では応答しにく

い聞き方をしてみます。この時、少しでも子どもに話そうとする様子が見られたら、それを具体的に褒めます。例えば、ちょっとでも口を動かそうとしたら「ちゃんと言おうとしてくれたね、いいよ」と、小さなところからまず褒めます。

　発話に繋がる動きや発声を、最も小さな変化からまず褒め、それが安定してできるようになってきたら、今度は少しだけステップアップし、少しでも口が動いたら、それを褒めていく。またそれが安定したら、今度は声がかすかにでも聞こえたら、それを褒めていく。根気がいる関わりですが、一段ずつ丁寧に階段を登るように心がけてください。

　くれぐれも、無理やり「さぁ、話しなさい」とか、「がんばって」などの励ましはしないように。逆効果になって、かえって話せなくなってしまいます。

8 利き手と矯正

「利き手」というものがあります。子どもの身体の中央に物を置いた時に、頻繁に伸びてくる方が「利き手」になります。「利き手」は先天的に決まっていると言われていますが、はっきりしたことは分かっていません。世界的にも、圧倒的に右利きが多く、左利きが少ないと言われています。

一昔前は、左利きに対する社会的な偏見も強く、また、ハサミのように、左利き用の道具の販売もあまり一般的でなかったなどの理由から、子どもの時に右利きに矯正されることも少なくありませんでした。ところが、左利きの子どもにとっては、わざわざ使いにくい手を使わなければならないため、矯正はとても大きな心理的負担になると言われています。

現在では、俳優さんやアイドルなど、普通に左利きのままテレビドラマに出演していたり、スポーツ選手が左利きを活かして活躍する姿などを目にする機会も多くなり、偏見はもはやなくなっています。ハサミなど左利きの道具も比較的手に入りやすくなっているなどの理由から、右利きへの矯正の必要はないというのが一般的です。

さて、話は変わりますが、散歩に行っても、買い物に行っても、ちょっとしたドライブに行っても、私たちの生活の中では、「右」「左」があふれています。せっかくですので、この「利き手」を使って、右と左を生活の中で使ってみましょう。

「お箸を持つ手（左利きはお茶碗を持つ手）が右だよ。右に曲がりたいけど、どっちかな？」と子どもに案内してもらいます。

さて、無事に右へとエスコートしてくれましたか？

❾ 生活の見通しを立てる

　学校には時間割があります。どの教科の授業がいつ始まり、そして終わるかが分かります。ところが、家庭や保育園、幼稚園は学校ほど、きっちりとした時間割が決まっていません。子どもたちにとっては、親や先生の指示が頼みの綱となります。

　遊びの時間が終わったので、「はい、そろそろお片づけですよ」と、終了の指示を出します。ある子どもは、ブロックでロボットを作っていたのですが、完成まではもう少し時間が必要で、当然、まだ続けたいはずです。ある子どもは、色水できれいな色を調合中で、後ろ髪をひかれる思いで、すぐには片づけに切り替えられません。

　こうなると、大人は「いい加減にしなさい。いつまでも、遊んでいない！」と叱ります。子どもからすれば「まだ、途中なのに！」といったところです。

　こうしてみたらどうでしょうか。「長い針が、6のところにきたら、お片づけね」と、活動に入る前にまず伝えておきます。子どもは、際限なくこれからする遊びが続くわけではないことを確認します。さらに、片づけ5分前には「今、長い針は5のところだから、もう少しで片づけだよ」と予告してあげます。そして最後に「はい、お片づけ」と終了の指示を出します。

　活動を始める前に、活動はいつ終わるのかを予告し、終了前に

終わりの予告、そして「終わり」を伝えるという３段階で伝えていくということです。

　子どもは、唐突に終わりが告げられるわけでもなく、また段階的に終わりが近づくことで心の整理ができます。

　「活動の見通し」と、「段階的な気持ちの切り替え」を、明確に提示してあげます。この提示方法が、行動をセルフコントロールする力に繋がっていくのです。

⑩「曖昧」はトラブルを生む

　幼稚園や保育園では、どのような場面で子ども同士のトラブルが起こりやすいと思いますか？

　いくつかの幼稚園で、１年間にわたって、子ども同士のトラブルが起こった場面をその都度記録してもらいました。すると、比較的頻繁にトラブルが起こっていたのが、トイレや手洗い場でした。幼稚園や保育園は、定時排泄を行うことが多いため、子どもたちは一斉にトイレに流れ込みます。トイレの入口は、一時的に混沌とした状態になります。先生は、トイレの入口で、「並びなさい」と指示します。その掛け声を合図に、子どもたちは列を作りだします。しかし、始点は「曖昧」です。そのため、列はどこから始まり、そしてどこへ繋がっていくのかも「曖昧」になります。すると、その列の途中に、つい入り込んでしまう子どもが出てきます。たちまち「横入り！！」と、非難され、トラブル勃発です。「曖昧」は、混沌を生み、そしてトラブルを生むのです。

そこで先生たちは考えました。トイレの入口から、子どもたちが列を作って並べるように二本の線を引きました。さらに、その線の中に、適当な間隔で足の形をしたマークも入れました。その日以来、子どもたちは何の指示もないのに、トイレの入口から、まっすぐ列を作るようになりました。トイレ付近のトラブルは激減しました。
　私はこの光景を見て、大人が電車のホームで列を乱さずまっすぐに並んでいる様子を思い出しました。集団生活では、「誰もがすぐに分かる工夫」があると、「誰もが安心」して生活が送れるようになるのです。

⑪ 挨拶・お礼は大人から

　「最近は、挨拶をしない子どもが増えている」という話を、よく聞きます。確かに、私が子どもの頃は、遊んでいれば、当然近所の人に出会いますから、挨拶することは当たり前でした。7歳の頃、父親の転勤で、ある町に2年程住んだことがあります。そこでは見知らぬ人でも、道で出会ったら「こんにちは」と挨拶をする習慣がありました。これには少し戸惑いましたが、みんながそうしていたので、やはり挨拶するようになりました。
　今は、「見知らぬ人に声をかけられたら、気を付けるように」と子どもたちは教えられています。なるほど、これでは子どもたちも、挨拶をしなくなるわけです。おかげで、大人も、子どもたちに声をかけにくくなってきています。相互に挨拶をする環境が

なければ、子どもが挨拶しないのは致し方ない気もします。
　あるお母さんから、他人に物をもらった時や、何かをしてもらった時に、子どもがお礼を言えないと相談を受けたことがあります。「ほら、お礼言って……」と、お礼を言わせようとしても、言えないことが気になっていたようです。
　そんな時、私は「挨拶」や「お礼」は、子どもが率先してできなくてもよいと話します。その代わり大人が、「挨拶」や「お礼」を、たとえ相手が子どもであっても、丁寧に言うように伝えています。
　理由は簡単です。周囲に、挨拶やお礼を言う習慣さえあれば、子どもたちは自ずとその習慣をマネする力を持っているからです。
　挨拶されるから、挨拶することを学びます。また、お礼を言われるから、お礼を言うことを学ぶのです。

⑫「ごめんなさい」より大切なこと

　ある幼稚園の先生が、相談の席でこんなことを言っていました。「叱るとすぐに『ごめんなさい』と言うが、反省していないのです。すぐにまた同じことをするので、また叱らなければなりません。それでも反省した様子がないので、さらにきつく叱ると、すぐまた『ごめんなさい』と謝ります。どうしたらよいでしょうか」。
　しかも、簡単に「ごめんなさい」と言うようになり、かえって叱る時間は長くなっているそうです。

魔法の言葉「ごめんなさい」

コマ1:
- 母: どうしてこんなことしたの！
- 男の子: ごめんなさい！

コマ2:
- 母: どうやら逃げることしか考えてないわね
- 男の子: もうしません！

コマ3:
- 母: なにをもうしないの？
- 男の子: なにももうしません！

コマ4:
- 母: どうすれば反省してもらえるのかしら

ここで少し考えてみましょう。何らかの過ちを犯してしまうことは、誰にでもあります。ミスのない人間もいません。失敗から学ぶことも多くあるはずです。でも、私たち大人は、そうした過ちやミスを叱ります。

　おそらく「叱られることで、嫌な思いをすれば、『こんな嫌な思いをするくらいなら、次からは気をつけよう』と思うのではないか」と考えて叱っているのでしょう。あるいは、「もっと、きつく叱れば反省するようになるのではないか」と、厳しい口調で叱りつけることもあるかもしれません。

　一方、子どもは叱られている時に、何を考えているのでしょうか。多くは、叱られている状況から一刻も早く解放されたいと思っています。これも、人の心理として当たり前のことです。だから唱えるのです、魔法のことば「ごめんなさい」を。

　もし、子どもが頻繁に謝るというのであれば、今一度叱り方を見直してみる必要があります。もしかしたら、「ごめんなさい」と言わせるためだけに、叱っているかもしれませんよ。

⑬ こまった行動をしてしまう子

　社会的に不適切なことをしていれば、大人はこれを叱ります。にもかかわらず、なかなか好ましい行動ができない子がいます。

　そういう場合、次の二点について確認してみてください。

　まず一つは、「してはいけない」ときつく言い続けるだけで、「どうすべきであったのか」を伝えていないということはありません

か？

　何をすべきかが、子どもに具体的に伝わっていないと、いつまでたっても好ましいことはできません。

　もう一つは、そもそも大人に叱られたいと願っている子どもはいません。困った行動が多い子どもは、叱られ慣れしているようにも見えますが、実は子どもなりに、かなり凹んでいることを知っておく必要があります。

　私が発達相談の担当をしていたある5歳の男の子が、自由遊びをしている時に、私のところにやってきてこう言ったのです。

　「センセ、ぼくがわるい子だから、先生もお母さんも、ぼくのこと怒るんだよね……」とポツリと言いに来ました。

　とても悲しげな眼で、私を見て言うのです。この子は、よく叱られてはいますが、でも本当はとても良い子なのです。同年齢の子どもたちとの間では、トラブルも多かったので、誰も近づきません。なので、彼は年齢の小さい子どもたちといつも遊んでいました。そして、小さい子にはとても優しく接していたのです。

　そんな姿を時々目にしていたので、私は「そんなことないよ。今日も、センセとのお勉強すごく頑張ってたし、小さい子にも、いつもとっても優しいからいい子だよ。センセは好きだよ」、そう伝えました。彼は「うん」と言って、嬉しそうにみんなの遊びの輪の中に走っていきました。

　子どもなりに悩んでいたのでしょう。早速、私はこの話をお母さんと先生にお話ししました。そして子どもが望ましいことをしているところを見つけ、"すぐに"その場で「よかったところ」を伝えて、褒めるということを実践してみてくださいとお願いし

ました。この"すぐにその場で"がミソです。

　こうした対応によって困った行動は減少しましたが、すぐに問題が解決したわけではありません。困った行動も、時々、起きていました。でも、この男の子が褒められるところが増えることで、それ以上に、周囲にも認められることが増えてきたのです。

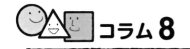
コラム8　　注意欠如・多動症

　子どもたちは、年齢が低いほど、注意集中する時間は短く、じっとしていられません。時には、やりたい気持ちが強すぎて、順番ぬかしをして叱られてしまうこともあります。4歳以前であれば、こういう光景は比較的頻繁に見られます。それでもこうした行動は、年齢が上がるにつれて徐々に減少していきます。

　しかし中には、いつまでも落ち着きが見られず、一つのことに集中できなかったり、集団内でのルールが守れないといった子どもたちがいます。大人に注意されても、すぐにまた同じことを繰り返してしまう。こうした状態が、同年齢の他の子どもたちと比べて顕著な場合は、**注意欠如・多動症**の可能性があります。

　この特徴を持った子どもたちのことで知っておいてもらいたいことがあります。それは、叱られている子ども自身が、注意の持続の弱さや、やってはいけないと分かっていたのに、ついやってしまうことに一番困っているということです。特に、幼少期においては、「誰かを困らせてやろう」などと思って行動してはいません。

　この症状は、脳の神経伝達物質の働きがうまくいかないことが理由で起こります。つまり、「脳がつい、やってしまう」のです。なので、これは親の躾の問題でもありません。

　だからといって、それが困った行動であることに変わりは

ありません。先生や親が叱ってしまうこともしょうがないことだと思います。

　そこで、叱った後に、必ず二つのことをしてあげてください。

　一つは、どうすべきであったのかを一度一緒に練習して、それをその場でリハーサルし、それができたらその場で褒めてあげます。

　もう一つは、簡単なお手伝いなどでよいので、名誉挽回の機会を与えてください。ちなみに、このお手伝いはペナルティではありません。褒める機会を作るためのものです。叱った後は、しっかり褒める。これを鉄則にしてください。これだけで、随分と行動は変わります。

14 便利な社会の代償

　幼稚園、保育園では、友達とモノを共有する場面が多くあります。例えば、制作活動です。「大きな糊」やマジックペンを、グループの仲間と共有します。自分が使いたいモノを、誰かが使っていれば、互いに「貸して」「取り替えて」と交渉しなければなりません。
　交渉は、時に決裂することもあり、その場合は、もう諦めるしかないのです。これを無理に奪い取れば、当然、喧嘩になり先生に叱られることになります。
　最近、この手の喧嘩が増えているようです。なぜなのでしょうか？
　少し話は変わりますが、私の父は、夜7時のNHKニュースの時間を、いかなる理由があろうとも、子どもたちに譲りませんでした。「見たい番組があるから」と、どれだけ交渉しても「ダメ」の一点張りです。結局、諦めるしかありませんでした。30年ほど前は、親子やきょうだいの間で、こんなやり取りは日常的でした。
　しかし、今はどうでしょう。多くのモノに囲まれ、家庭の中でさえ家族と1つのモノを共有する機会は減りました。おかげで、私たちは日常生活の中で、人と交渉をしなくても済むようになりました。
　でも、機会が減ったとはいえ、上手に人と交渉する力は依然として必要であるということは変わりません。一体、子どもたちは、それをどこで学べばよいのでしょう。
　親やきょうだいに代わって、保育士や先生、友達との間で学ぶ

ことになったのです。つまり、幼稚園や保育園、学校の役割がより重要になってきたのです。

　こういう時代になったことに、まったく疑問がないわけではありません。でも、これはモノにあふれ、便利な生活を手に入れた代償でもあるのです。

15 簡潔に伝えること

　人間が一度にどれくらいの量を聞いて覚えられるかを調べた実験があります。無意味な数字の組み合わせを、だいたい7桁前後までであれば、一回聞いただけで記憶できるようです。ただし、この記憶は長くは持ちません。この実験は「短期記憶」といって、一時的に脳に情報をとどめておく記憶力をみたものです。

　この実験を、実際に大学の講義や講演などで一斉にやってみます。するとやはり、実験のとおり、7桁前後までは、みな大きな声ではっきりと復唱できています。ところが10桁、12桁の復唱となると、どういうわけか、はじめの4桁あたりから急激に声が小さくなり、さっきまで、はっきりと言えていた7桁では、なぜか復唱もせず、みな、笑ってごまかしています。「間違えたら恥ずかしい」という心理もあるので、一概に記憶の問題とはいえませんが、早々に復唱できなくなり、後は笑ってごまかすというのはおもしろい現象です。

　この短期記憶できる量は、子どもとなると7桁よりさらに少なくなります。記憶量が少ないと、頭の中で情報を処理できる量も

少なくなってしまいます。子どもに対して、大人に話すような感覚で一気に説明しても、話の一部はとどめておけても、すべては頭の中にとどめておけません。結局、断片的な情報だけで話の内容を推測しなければなりません。言われていることも、なんとなく分かる程度になってしまいます。

　子どもへの説明は、一文を短く簡潔にし、ゆっくり伝える。そして大切なことは反復してあげることが望ましいと言えます。

16 伝言お手伝い

　私は幼稚園の頃に、よく近所のお店にお使いに行かされました。「しょくぱん、いっきん、ろくまいぎり」と、親に言われたことを何度も呪文のように唱えながら、お店に行きます。店に着くなり大きな声で、繰り返していた"呪文"をすぐに唱えます。これで、ミッションは完了します。

　食パンは、日によって8枚切りの時もあり、また2斤の日もありましたから、「いつもの」というわけにはいかず苦労しました。私は「短期記憶」をすることが、それほど得意ではなかったようで、このお手伝いが、なんとか楽にできないか考えるようになりました。もっとも、それが解決したのは、小学生になり文字を覚えてからのことでした。

　「忘れないようにメモをする」。生活の中で文字を初めて使ったのがこのお使いでした。

　さて、昨今は近所の個人商店も減り、このようなお手伝いがで

きる環境も少なくなりました。

　だとすれば、家の中や保育園、幼稚園の中で、伝言を使ったお手伝いをさせてみてはいかがでしょうか。はじめは簡単な伝言を頼みます。例えば、「パパに、今日の新聞はお休みって言ってきて」と言づてを頼んだり、給食のおばさんに「今日の欠席は、ふたりです」と伝えるようなお手伝いを、当番制にしてクラスのみんなでやってみる。

　中には、私のようになかなか覚えられない子もいるでしょう。でも、最近ではiPadのような機械もあります。こうした道具を使えば、将来的には、アイデア次第で、記憶力の弱さを補うこともできます。

　大切なことは、早くから「忘れないようにするには、どうすればよいか」という工夫を、子どもに合った方法で発見していくことにあります。また合わせて、忘れてしまったらどうするか、ということを子どもと一緒に考えてあげることが、大人の大切な役割なのです。

⓱ 話題のツボ

　私は、発達相談や教育相談を通して色々な人と話をしてきました。中には、とても無口な人もいますが、うまく話題のツボを押してあげると、それなりに会話は弾みます。また、こちらも気づかないうちに、相手の関心が高い話題のツボに触れることもあり、そんな時はいつまでも話が尽きませんでした。

これは子どもの場合も同じです。お話が得意な子もいれば、苦手な子もいます。代わりに、絵を描くことやかけっこが得意な子、歌を歌うことが大好きな子もいることでしょう。
　絵が得意な子どもは、きっと自分の描いた絵が話のツボになります。一生懸命、絵の説明をしてくれることでしょう。かけっこが得意な子どもは、走るコツを教えてと頼めば、身体を動かしながら、説明してくれることでしょう。歌が大好きな子どもは、好きな歌について聞けば、色々と教えてくれるかもしれません。
　大切なことは、率先して、大人がその子の「話題のツボ」を見つけてあげ、「好きなこと、得意なことはあなたの強みだよ。それを知っていることは大事なことなんだよ」と本人に伝えていくことです。
　強みを知った子どもは、今までよりも、それが好きになるでしょう。そして、自分の大好きなことを人に伝えるため、一生懸命にその「想い」を表現していくことでしょう。流暢に話ができることも必要ですが、子どもの気持ちを膨らませてあげることは、もっと大切なことです。

18 表情理解遊び

　人間の感情表現は、いくつかの要素が複雑に絡み合ってできています。話し方や話の内容、しぐさ、その時の状況、そして表情です。中でも表情は、人間の感情を理解するうえで重要な手掛かりとなります。

例えば、俳優が「君は、優しい女性だ」と言いながら、「怒り」のこもった表情をしているドラマのワンシーンを想像してみてください。この場合、皆さんは、この俳優さんがどのような気持ちを表現しているか分かりますか？
　「女性はとても優しい人と思っている」ことを表現しているようには、到底思えませんね。むしろ、多くの人はことばより表情の方を優先的に解釈し、「君は、とてもひどい女性だ」ということを、皮肉を込めて表現していると理解することでしょう。
　感情を示す表情には、「喜び」「驚き」「恐れ」「悲しみ」「怒り」「嫌悪」の６種類があると言われています。表情理解をすることは、人間関係を円滑に進めていくうえでも大切なことです。
　この６種類の表情については、子どもたちと遊びながら、学ぶ機会を作ることをお勧めします。例えば、「悲しむ」顔を見せて、「今、どんな気持ちだと思う？」とクイズを出します。はじめは、大人が６種類の表情をはっきりと表現し、その表情を子どもにランダムに見せます。慣れてきたら、それぞれの表情に、少しずつバリエーションをつけて見せていきます。最後は、子どもに６種類の感情を表すクイズの出題者になってもらいましょう。

19 お金を使ってみる

　買い物は、人間社会において、極めて重要な営みです。そのため、厳格なルールのもとにとり行われる活動の一つと言えるでしょう。買い物のルールを早くから知っておくことは、むしろ必

要なことと言えます。

　買い物は、レジで必ず支払いをしなければなりません。子どものお菓子などを購入する時などは、このルールを知るのによい機会となるでしょう。本人に品物と、おつりが出るくらいの硬貨を渡して、それを一人で購入させてみます。もちろん後ろで見守ってあげてください。

　ここでのねらいは、おつりを通じて、お金の多様な種類に触れることです。ただし、硬貨のそれぞれの価値は、ほとんどの子どもは理解していませんし、そこまで教える必要もありません。数の概念を獲得している子どもでさえ、1枚より5枚の方が多いことは理解していても、10円玉5枚と500円玉1枚では、500円玉の方が価値が高いことの理解は難しいのです。なので、500円玉1枚を10円玉5枚と平気で交換してくれます。

　この段階で、価値の違いまでを教える必要はありません。子どもが興味を持ったら、「茶色い10円玉」や「銀色の100円玉」などと教えてあげるとよいでしょう。

　もし、お金の価値まで教えたいということであれば、例えば「200円までお菓子を自由に選ばせる」などの方法が一つです。選んできた品物が、購入可能な範囲にあるかどうかは、その都度、大人が判断してあげる必要はありますが、200円の価値を、実際のお菓子の量や種類として体感できます。

100円で買えるかな？

20 分からないから教えて

　「分からない」と、自分から言いだせない子どもがいます。その子は、いつも隣の子のしていることをそのままマネします。そのため、隣の子どもが失敗すると、同じように失敗します。失敗を正確にマネしているので、ある意味、成功しているともいえるのですが……。

　ではなぜ、いつも隣の子のマネをするのでしょうか？

　答えは簡単。何をすればよいか分からないからです。「分からない」にも色々あります。長い時間集中できないため、説明を最後まで聞いていられなかった、あるいは聞いていたけれど、忘れてしまった。他にも、聞いていたけれど、話の内容が理解できなかった等々。いずれにしても、ここで大切なことは、「分からない」のになぜ「分からない」と言えなかったのかということです。

　こんな場面を想像してみてください。あなたは仕事で、一生懸命に書類を書いています。でも、どう書き進めてよいか分からなくなりました。そこで、上司に相談に行くことにしました。

　すると上司から、「またか。いつになったら一人で書けるようになるんだ」と言われてしまいました。さて、あなたは、「分からない」時に、またこの上司のところへ相談に行けますか？

　本当に大切なことは、「分からない」時は人に、「教えて」と切り出す力です。でも、それができるようになるためには、安心して「分からない」ことを聞きに行ける関係と、「教えてもらったら、うまくできた」という経験が必要です。そして「分からない」が言えたら「よく、聞きに来たね」とまずは褒めてあげることです。

21 ゴッコ遊びの世界

　ゴッコ遊びは実におもしろい遊びです。ママごとや、ヒーローゴッコなどはスタンダードなゴッコ遊びですが、私がこれまで見たゴッコ遊びで、最もユニークだったものに「タクシーごっこ」という遊びがありました。

　数台の三輪車に、運転手役の子どもが股がり、手をあげて待っているお客さん役の子どもを、後ろに乗せます。

　お客さんが行き先を告げると、タクシーは、目的地まで一緒に走りだします。園庭は狭いので、目的地までの乗車時間は短く、すぐに到着です。タクシーは次のお客さんが見つかるまで、園庭をぐるぐる走ります。

　「タクシーごっこ」が、何をきっかけで始まったのかは、実は見ていてもよく分かりませんでした。なんとなく始まったようですが、誰からも「タクシーごっこは、こうやって……」という、事前説明がなかったことだけは、はっきりしています。おそらく、子どもたちがそれぞれに持っていたタクシーのイメージを、誰かが手をあげて「タクシー」と三輪車を呼び止めたことをきっかけに、たちまち"共有"して、遊びを成立させたと思われます。

　こうしたことは、遊びに限ったことではありません。5歳頃の子どもたちは、他者の持つ「想い」を"共有"しながら生活を送るようになります。困っている子がいたら手伝ったり、年下の子に手を焼いてみたり……。

　「あの子は今、こんな気持ちでいる」ということを、共有できるからこそ、助ける、想いやるという行為が生まれてくるのです。

いろいろまねてイメージを共有

22 絵本を読んでみる

　絵本に慣れ親しんでくると、お気に入りの一冊ができます。
　数冊の絵本から好きなものを持ってこさせると、同じ本、同じシリーズの本を持ってきます。大人は、何度も同じ本を読んでいるので少し飽きて、「他の本は？」と聞くのですが、子どもからすれば、やはりお気に入りがよいようです。
　読み進めると、予想通りの話の展開と、期待通りのセリフに「待ってました！」と言わんばかりの喜びようです。時々、一緒にセリフを言ってみたりもします。
　そこで「代わりに、この本を読んでみて」とお願いしてみます。すると、文字はまだ読めないのに、絵を見ながらおもしろい抑揚をつけて読みだします。おそらく大人の読み方をマネしているのでしょうか。顔は真剣そのものです。
　実際には、文字を読んでいるわけではありませんから、当然、本の文章とは多少、異なっています。それでも絵を手掛かりに、それぞれのページの内容を思い出し、覚えているセリフを合わせながら、ストーリーとしてまとめていきます。それは見事なものです。
　図鑑のようなものが好きな子は、虫の生態や働くクルマ、乗り物のことなどを丁寧に説明してくれるはずです。
　子どもは、好きなものをよく見ていますし、よく聞いています。子ども自身に本を読ませると、絵や写真を手掛かりに、知っていることを自分なりのことばにして説明する練習になるようです。ただし、これも遊び。「楽しみながら」を忘れてはいけません。

絵本を読んでもらおう

㉓ しりとり遊び

　就学を迎える頃には、いくつかのことば遊びを楽しめるようになります。中でも「しりとり」は最もポピュラーなことば遊びです。
　しりとり遊びは、実はとても高度な力を必要とする遊びです。「たまご」を例に考えてみましょう。
　まずは「たまご」と聞いて、この単語を頭の中に一時的に記憶する力が必要です。さらに、「たまご」ということばが、「た」と「ま」と「ご」という音で構成されていることを理解しなければなりません。さらに、この３つの音の最後に来るのが「ご」であることを見つけだし、今度は「ご」で始まることばを探すことになります。このように、ことばの音に注目する意識を音韻意識といいます。
　大人にとっては、なんということもない遊びですが、子どもにとっては、かなり難しい力を要求されることになります。しりとり遊びで必要な力は、学校へ行くようになると、文字を読んだり、書いたりする力に関わってきます。入学前に、遊びとして楽しんでおくことは大事なことです。
　ただし、子どものことばの発達には、個人差があります。また、生まれ月によっては、１年近くの月齢差がある子もいます。しりとり遊びも、子どもによっては、大人のサポートがないと楽しめない場合があります。その場合、しりとり遊びに必要な力の、どの部分につまずいているのかを把握し、その部分を大人がヒントを出すなどしてサポートしてあげることも必要です。

24 さかさことば遊び

「さかさことば遊び」も、子どものことばの発達が進むと、楽しめるようになる遊びの一つです。記憶できる長さの限界を超えてしまうような「ことば」では楽しむことはできません。はじめは、二文字から三文字程度の「ことば」から始めてみましょう。

「"め・だ・か"のさかさことばは？」と子どもに問いかけてみます。なかなか出てこない場合は、「"め・だ・か"……"か"……」と、さかさことばの一文字目を言い、ちょっとだけヒントを与えます。それでも出てこない時は、「"め・だ・か"……"か"……"だ"……」と次の一文字もヒントに加えてみましょう。段々と、コツをつかめてくると、このヒントも少しずつ必要なくなります。

あるいは、二文字程度の「ことば」に戻すとよいかもしれません。

適当な間隔で、繰り返し同じ「ことば」を問題として出す中で、答えられる「ことば」も出てくることでしょう。

この遊びも、しりとり遊びと同じく、実際はとても高度な力を必要とする遊びです。そのため、子どもの中には、こうした遊びをとても難しく感じている場合もあります。その子どもにとっては、遊びとはいえ、段々とつまらない活動になってしまうかもしれません。

すべてに共通していえることは、大人が遊び心を忘れないということです。そして、「これは、遊びだ」ということを、子どもも感じ取れる雰囲気づくりを大切にしてください。

㉕ "た"ぬきことば遊び？

　ＮＨＫのＥテレで「ピタゴラスイッチ」という番組があります。幼児番組ですが、大人が見ても楽しめる番組です。この番組内で「いたちのたぬき」（作詞：藤雅彦・内野真澄　作曲：栗原正己）という歌がありました。
　「いたちの、たぬき」。つまり、"いたち"から、"た"を抜くと"いち"。これは数字の"１"にかかっています。「かに（蟹）の、かとり（蚊取り）」は、"かに"から、"か"をとるから"に"になります。つまり、数字の"２"です。こうして、残った文字が数字を表し、最後は「"ジュース"の"ス"とろう（ストロー）」で"ジュー"。数字の"10"で終わります。とても面白い歌ですね。
　さて、これを単純に歌として覚えるのもよいのですが、ことば遊びとしても楽しんでみましょう。
　「"いたち"から"た"をとるとな〜んだ？」、「"いわし"から"わ"をとるとな〜んだ？」。なぞなぞ感覚で楽しめるといいですね。

㉖ じゃんけんことば遊び

　就学を迎える頃には、じゃんけんのルールについて理解できるようになります。順番など何か決め事がある時は、子どもたちだけで勝ち負けを決め、順番というルールに従おうとします。大人の援助がなければ何も決められなかった子どもが、問題を解決するための手段をいつの間にか身につけていることに驚かされま

す。

　さて、じゃんけんのもう一つの楽しみ方として、「じゃんけんすごろく」という遊びがあります。ルールは、階段のように段数が決まっている場所を使ったり、双六のようにマスをいくつか書いて、スタートとゴールを定めます。

　そして、じゃんけんをし、勝ったじゃんけんの手を表したことばの数だけ、進むことができるというものです。例えば「グー」で勝ったら「"グ"リコ」と３マス進みます。「チョキ」で勝ったら「"チ"ョコレイト」と６マス進みます。「パー」で勝ったら「"パ"イナツプル」と、これも「６マス」進みます。最初にゴールしたら勝ちとなります。

　子どもは、「チョコレート」が、"ち""よ""こ""れ""ー""と"という音の集まりにより、一つの単語を構成していることを理解するようになります。この力も、本を読んだり、文字を書いたりする際に必要な力となります。

27 なぞなぞ遊び

　子どもたちが大好きなことば遊びは、何と言っても「なぞなぞ」です。

　なぞなぞの醍醐味は、「あ〜でもない、こ〜でもない」と考え、「あっ、わかった」と答えを発見した瞬間にあります。

　あまり難しくない、幼児用の問題から始めるとよいでしょう。なぞなぞの問題は、書店で本を買ってもよいですし、最近ではイ

ンターネットでも幼児用の問題を掲載しているページがあります。そこから出題してもよいでしょう。

　私は、よく自作の問題を出していましたが、問題が単純すぎたようで、すぐに答えが出てしまう。子どものうちは、問題が難しすぎても面白くないのですが、逆に簡単すぎても、すぐ飽きてしまうようです。

　さて、なぞなぞ遊びをすると、正解、不正解にかかわらず、子どもの頭の中には、色々なことばが思い浮かんでいることが分かります。ですので、子どもがどんな答えを出しても、それはそれで本当に感心してしまいます。

　「なるほど……いい答えだね。でも（ちょっとタメて）……残念！」。すると子どもは、残念なそぶりを見せるものの、すぐにまた答えを考えだします。

　もし正解がなかなか出てこない時は、ヒントを出してもよいでしょう。子どもは、その情報も合わせて、さらにあれこれと考えだします。

　なぞなぞは、色々なことばを推測することを楽しむ遊びです。答えがたくさん出れば、遊びとして大成功。そして、見つかった時の「あ、分かった」が体験できれば、これが最高の喜びになるのです。

多層指導モデル
Multilayer Instruction Model：MIM

　読みにつまずきのある子どものための指導モデルに**多層指導モデル**があります。このモデルは、英語表記の頭文字を繋げて通称 MIM「ミム」といいます。MIM では、子どもの読みの習熟度を定期的に把握しながら、個々の子どもの読みの実態に応じた指導パッケージが提供されます。またこのパッケージが優れているのは、小学1年生の特殊音節の学習進度に対応しているため、通常の授業の副教材としても使用できる点にあります。

　なお、読みの習熟度というのは、かなり個人差が大きいものです。しかし小学校の授業では、1学期の期間でほぼ指導を終えてしまいます。実際、この短期間で流暢な読みの獲得はできません。そのためこのプログラムでは、長期的に継続して実施していくことが推奨されています。

　MIM では、子どもたちの読みのつまずきで多く見られる特殊音節を重点的に指導していきます。特殊音節とは、「ねっこ」のような小さな「つ」が入った音、「おかあさん」のように、「あ～」と伸ばす音、「いしゃ」のような小さな「や」「ゆ」「よ」が入った音、「きゅうり」のように、小さな「や」「ゆ」「よ」を伸ばす読み方もあります。

　日本語の仮名は、基本的には1文字に対して、1音節で対応できるのですが、これら特殊音節は、このルールには対応していません。そのため小学校低学年の子どもたちがつまず

きやすいのです。MIM は、特殊音節の特徴を目で見てイメージしやすいような工夫をしています。これを**視覚化**といいます。また、一定のルールに従った手遊びをしながら、音の特徴を体で**動作化**します（次ページ参照）。

　指導内容も、遊び感覚で取り入れられるものが多いことから、休み時間などに手遊びとして動作化をする子どももいました。

　文字の指導に合わせて行われることから、就学前の幼稚園や保育園で、この指導パッケージをそのまま実施することは難しいところもありますが、特殊音節のルールに基づいた動作化は、手遊びの一つとして5歳児であれば楽しむことができます。入学前の準備として少しだけ始めてみるのもよいかもしれませんね。

MIMの「動作化」「視覚化」の例

「つまる音」の動作化

「つまる音」の視覚化

　清音(普通の音)、濁音(「゛」のついた音)等の1文字については手を1回たたき、促音(つまった音)に対しては**両手にグー**を作る。

　例 「きって」：手をたたく → 両手にグーを作る → 手をたたく

「のばす音」の動作化

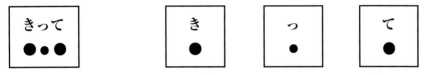

「のばす音」の視覚化

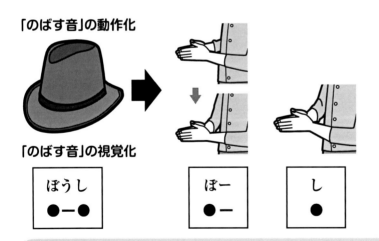

　清音(普通の音)、濁音(「゛」のついた音)等の1文字については手を1回たたき、長音(のばす音)に対しては**合わせた手をそのまま下に伸ばす。**

　例 「ぼうし」：手をたたき、合わせた手をそのまま下におろす → 手をたたく

「あわさってねじれる音」の動作化

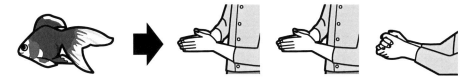

「あわさってねじれる音」の視覚化

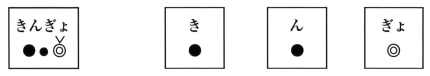

清音（普通の音）、濁音（「゛」のついた音）等の１文字については手を１回たたき、拗音（あわさってねじれる音）に対しては**２つの手のひらをねじって組み合わせる**。

例　「きんぎょ」：手をたたく → 手をたたく → ２つの手のひらをねじって組む

「あわさってねじれる音」＋「のびる音」の動作化

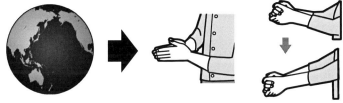

「あわさってねじれる音」＋「のびる音」の視覚化

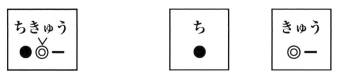

清音（普通の音）、濁音（「゛」のついた音）等の１文字については手を１回たたき、拗長音（あわさってねじれる音＋のびる音）に対しては**２つの手のひらをねじって組み合わせ、合わせた手をそのまま下に伸ばす**。

例　「ちきゅう」：手をたたく → ２つの手のひらをねじって組み合わせ、合わせた手をそのままおろす

海津（2009）をもとに筆者が作成

28 「やれた、できた」を育てる

「子どもの苦手」に、大人が気をつけなければならないことは二つあります。

一つは、楽しい雰囲気づくりです。「楽しい、おもしろい」という気持ちがあれば、苦手なことなど本当は、関係ありません。私はこの雰囲気づくりのために、時々、わざとゲームに負けてみせます。大人が負ける姿を見ると、なぜか子どもは大喜びでした。「失敗しても楽しい」「負けても面白い」という雰囲気づくりは、「楽しい」に繋がるようです。

もう一つは、「急かさない」こと。失敗した時に、つい「焦らなくていいよ、がんばって、がんばって！」と声をかけてしまいますが、励ますつもりが、実は焦らせていることがあります。声をかければかけるほど、どんどんと焦ってしまい失敗続きになります。こういうことは、大人であっても普通に見られる現象です。

特に、周囲の注目を集めている時などは、失敗の傾向は強くなるようです。「いいね、上手にできているよ」と、安心して取り組める雰囲気を作って、あとは"じっくり待つ"というのが一番のサポートということもあります。

また、子ども自身が、「自分なりに、やれた」「慌てずやったら、できた」と思えるように育てていくことも、様々な発達の力を促すうえで、重要なことであると言われています。でも、土がないのに花は育たぬように、その気持ちは周囲の大人や仲間が作りだすものだということを忘れてはいけませんね。

みんなが注目する場面などでは、「がんばっている人を急かさ

がんばっている子をほめよう！

ず見守る」ということを、子どもたちみんなに教えておきたいところです。そしてできた時には、みんなで褒め合いましょう。

青い折り紙1枚、赤い折り紙は2枚

　日常には「かず」を取り扱う場面がたくさん転がっていることは既にお話ししました。日頃から、十分に「かず」に触れる機会があるのであれば、就学を見据えた準備を、少しだけしてみてもよいかもしれませんね。

　例えば、大きいお皿2枚と小さいお皿2枚を、子どもに運んでもらいます。机に並んだお皿を見せながら、「お皿は全部で何枚？」と聞いてみます。もちろん、これは食事の支度の時にします。

　ある程度慣れてきたら、今度は、お皿を運んでもらう前に「大きいお皿2枚と、小さいお皿2枚運んでもらいたいんだけど、そうすると、お皿は全部で何枚になるかな？」と聞いてみる。あるいは、2枚のお皿を机に置いた状態で、「あと2枚お皿を持ってくると、合わせて何枚になるかな？」と聞いてみます。

　もし、間違えてしまっても、まったく問題ありません。実際に、お皿を数えてみれば、すべて解決する話です。

　時には、「4枚のお皿があるけれど、今日はお料理が少ないから、1枚は元に戻そうか。そうするとお皿は何枚残るかな？」と聞くのもよいかもしれません。

　これらは、小学校の1年生で学ぶ、足し算と引き算の考え方です。学校では、お皿の代わりに小さなマグネットなどを使って、

基本的な考え方を学びます。でも、算数は日常生活の中で使うものです。もちろん机上の学習は大切なことですが、学校で学んだことは、日常生活の中で使うということを知ることは、もっと大切なことなのです。

コラム10　限局性学習症

　文章の理解がなかなかできなかったり、読みのスピードが著しく遅い、あるいは正確に読めないなどの読みの困難が見られたり、文章がなかなか書けない、算数に顕著な困難を示すなどが見られる場合、**「限局性学習症」**という症状が疑われる場合があります。

　たびたび誤解されることに、限局性学習症の子どもは、学業成績が振るわないことから「さぼっている」と見られがちです。しかし、実際は本人の努力の問題ではなく、本来であれば脳が自動的に処理することを、そのようにはなっておらず、相当頑張らないとできないという状態にあるのです。言ってみれば、限局性学習症を持つ子どもは、それを持たない子に比べ、脳の中ははるかに頑張っているというのが正しいかもしれません。

　こうした特徴を持つ小学校1年生を、入学時から1年間にわたって見てきたことがあります。その中の一人の女の子は、「わたしは、なかなか読めないから、もっとべんきょうがんばらなきゃいけないの」と訴えていました。実際は、他の子のように、スラスラ読めるようになりたい、頑張らなくても書けるようになりたい、もっと勉強を分かるようになりたいと強く願っていたのです。

　読み困難の理由としては、「め」や「あ」のように形が似ているものを、瞬時に脳の中で区別できないことがあげられ

ます。また、ここまで紹介してきたことば遊び(「しりとり」など)で必要とされた「音韻意識」と呼ばれる働きが関係して、読み困難に至っている場合も少なからずあることが分かってきています。

　ただし、これらの症状は小学校へ入学後、一定の学習機会が提供される中で徐々に明らかになります。したがって、就学前にこの症状の有無について判断することはかなり困難で、限局性学習症の就学前の診断には慎重であるべきです。

　ところで、読み困難があるからといって、本の内容が理解できないかというと、必ずしもそうとは限りません。限局性学習症を持つ子どもの中には、同年齢の子どもたちと同じくらいの理解力を持っている子どももいます。ただ、情報の入り方が他の子どもたちと異なっているのです。

　そのような子どもたちの中には、自分では流暢に読めなくても、人や、機械(コンピューターなど)に読んでもらえば、スラスラと本の内容を理解できる子どももいます。

　最近では、教科書の文字をマーカーが追いながら、同時に読みの音声データを流してくれるDAISY(デイジー)教科書というものも出ています。小学校などでは、限局性学習症のある子どもについては、こうした機器の使用も積極的に進め、学びの保障をしていくことが必要です。

　大人が、限局性学習症の子どもと関わるうえで考えていかなければならないことは、この症状の正しい理解と、子どもの気持ちに添った支援や、本人に合った学び方を見つけだしてあげることです。

㉚ もうすぐ１年生

　新１年生は、入学前からみんなワクワクです。

　ある小学校での話です。入学後間もない１年生は、集団生活の様々なルールを学ばなければなりません。オリエンテーションが続き、なかなか算数の授業も、国語の授業も始まりませんでした。

　子どもたちは、小学校へ行けば算数や国語の授業があることを知っています。「早く文字を覚えたい。足し算や引き算を勉強したい」、そう思っていました。しびれを切らしたある子が、校長先生にこう尋ねたそうです。

　「ねぇ、校長先生。いつになったらお勉強始まるの？」

　人は、学ぶことを欲求として持っている生き物です。何もできずに生まれてきたにもかかわらず、赤ちゃんは、私たちが暮らすこの世界のことをどんどんと学んでいきました。今では、伝えたいことを伝え、食べ、好きなところへ行くこともできるようになりました。きっと、これからも、「もっともっと、いろんなことを学んで、もっともっと、いろんなことができるようになりたい」、そう思っています。

　それは子どもたち、みんなが共通に持っている願いです。

　でも、子どもの学び方は一律ではありません。また、学びのスピードもそれぞれ違います。だからこそ、子どもの学びに対する気持ちを、傷つけることなく大切に育てていかなければならないのです。

　「先生、お勉強って楽しいね」。そんな「ことば」をいつまでも聞き続けたい、そう思うのです。

参 考 文 献

American Psychiatric Association (2013) Diagnostic and Statistical Manual of Mental Disorders: Dsm-5. Amer Psychiatric Pub. 日本精神神経学会監修 (2014) DSM-5 精神疾患の診断・統計マニュアル.

Amsterdam, B. (1972) Mirror self-image reactions before age two. *Developmental Psychobiology*, 5, 297-305.

Amrican academy of pediatrics (2001) Children, Adolescents, and Television. *Pediatrics*, 107, 2, 423-426.

Anisfeld, M. (1996) Only tongue protrusion modeling is matched by neonates. *Developmental Review*, 16, 149-161.

有川宏幸 (2009) 米国における自閉症児への早期高密度行動介入に関する研究動向. 特殊教育学研究, 47, 4, 265-275.

有川宏幸 (2011) 就学へ向けた『つながる支援』-就学までの特別な支援とは-. 長澤正樹編,現代のエスプリ-特別支援教育-. ぎょうせい,529, 46-55.

有川宏幸 (2015) 保育の場で出会う障害とその特徴. 本郷一夫編, 障害児保育 第3版. 健帛社, 25-36.

有川宏幸・立田幸代子(2015) 合理的配慮の提供に活かす就学前後の支援情報の機能的翻訳に関する研究1.日本特殊教育学会第53回大会発表論文集.

Arnold, D. H., Lonigan, C. J., Whitehurst, G. J., & Epstein, J. N. (1994) Accelerating language development through picture book reading: Replication and extension to a videotape training format. *Journal of Educational Psychology*, 86, 2, 235-243.

Astington, J. W. (1993) The Child's Discovery of the Moind. Harvard University Press. 松村暢隆訳 (1995) 子供はどのように心を発見するか. 新曜社.

Baldwin, D. A. (1991) Infants' Contribution to the Achievement of Joint Reference. *Child Development*, 62, 5, 875-890.

Baron-Cohen, S. (1995) Mindblindness: An Essay on Autism and Theory of Mind. Cambridge, MA: MIT Press. 長野敬・今野義孝・長畑正道訳 (1997) 自閉症とマインド・ブラインドネス. 青土社.

Baron-Cohen, S., Leslie, A.M., & Frith, U. (1985). Does the autistic child have a "theory of mind"? Cognition, 21, 37-46.

Baron-Cohen, S., Tager-Flusberg, H.,& Cohen, D. J. (Eds) (1993) Understanding other minds : Perspecttives from Autism. Oxford University Press.田原俊司監訳（1997）心の理論-自閉症の視点から（上)(下)-.八千代出版.

Barr,R,G., & Fujiwara T. (2011) Crying in infants. In: Rudolph CD, Rudolph AM, Lister GE, First LR, Gershon AA, eds: Rudolph's Pediatrics, 22nd Edition. New York, *McGraw-Hill*, Chapter 83, 318-321.

Bates, E., Camaioni, L., & Volterra, V. (1975) The acquisition of performatives prior to speech. *Merrill-Palmer Quarterly*, 21, 205-224.

Bushnell, I. W. R. (2001). Mother's face recognition in newborn infants: Learning and memory. *Infant and Child Development*, 10, 67-74.

Bushnell, I. W. R., Sai, F., & Mullin, J. T. (1989) Neonatal recognition of the mother's face. *British Journal of Developmental Psychology*, 7, 3-15.

Butterworth, G. & Harris, M (1994) Principles of Developmental Psychology. Lawrence Erlbaum Associate, Publishers. 村井潤一監訳・小山正・神土陽子・松下淑 共訳（1997）発達心理学の基本を学ぶ-人間発達の生物学的・文化的基盤-. ミネルヴァ書房.

Campos, J. J., Langer, A., & Krowitz, A. (1970) Cardiac Responses on the Visual Cliff in Prelocomotor Human Infants. *Science*, 170, 3954, 196-197.

Cheour, M., Ceponiene, R., Lehtokoski, A., Luuk, A., Allik, J., Alho, K., & Näätänen, R. (1998) Development of language-specific phoneme representations in the infant brain. *Nature Neuroscience*, 1, 5, 351-353.

Cooper, R, P. & Aslin, R, N,. (1990) Preference for Infant-directed Speech in the First Month after Birth. *Child Development*, 1584-1595.

De Casper, A. J. & Prescott ,P. A. (1984) Human newborns' perception of male voices: Preference, discrimination, and reinforcing value. *Developmental psychobiology*, 17, 5, 481-491.

De Casper, A. J. & Spence, M, J. (1986) Prenatal maternal speech influences newborns' perception of speech sounds. *Infant behavior and development*, 9, 133-150.

Fernald, A & Morikawa, H. (1993) Common themes and cultural variations in Japanese and American mothers' speech to infants. *Child Development*, 64, 637-656.

Ferrari, P. F., Visalberghi, E., Paukner, A., Fogassi, L., Ruggiero, A., &

Suomi, S. J. (2006). Neonatal imitation in rhesus macaques. *PLoS Biology*, 4, 1501-1508.
Fonagy, P., Gergely, G., & Target, M. (2007) The parent-infant dyad and the construction of the subjective self. *Journal of Child Psychology and Psychiatry*, 48, 288-328.
Fonagy, P., Redfern, S., & Charman, A. (1997) The relationship between belief-desire reasoning and positive measure of attachment security (SAT). *British Journal of Developmental Psychology*, 15, 51-61.
Frank, M. C., Vul, E., & Johnson, S. P. (2009) Development of infants' attention to faces during the first year. *Cognition*, 110, 2, 160-170.
Frost, L., & Bondy, A (2002) The Picture exchange communication system second edition. Pyramid Educational Products, Inc. 門眞一郎監訳 (2005) 絵カード交換式コミュニケーションシステム（PECS）トレーニング・マニュアル. ピラミッド教育コンサルタント　オブ　ジャパン.
福山寛志・明和政子（2011）1歳児における叙述の指さしと他者との共有経験理解との関連. 発達心理学研究, 22, 2, 140-148.
Gibson, E. J., & Walk, R. D. (1960) Visual Cliff. Scientific American, 202, 4, 64.
今井むつみ (2013) ことばの発達の謎を解く. ちくまプリマー新書.
Ingersoll, B. (2010) Brief Report: Pilot randomized controlled trial of reciprocal imitation training for teaching elicited and spontaneous imitation to children with autism. *Journal of Autism and Developmental Disorders*, 40, 1154-1160.
Ingersoll, B., & Schreibman, L. (2006) Teaching reciprocal imitation skills to young children with autism using a naturalistic behavioral approach: Effects on language, pretend play, and joint attention. *Journal of Autism and Developmental Disorders*, 36, 487-505.
Jean, A. D. L., & Stack, D. M. (2009) Function of maternal touch and infants' affect during face-to-face interactions: New directions for the still-face. *Infant Behavior & Development*, 32, 123-128.
Jones, S. S. (1996) Imitation or exploration？Young infants' matching of adults' oral gestures. *Child Development*, 67, 1952-1969.
Jones, S. S. (2006) Exploration or imitation？The effect of music on 4-week-old infants' tongue protrusions". *Infant Behavior & Develop-*

ment, 29, 126-130.

海津亜希子・田沼実畝・平木こゆみ（2009）特殊音節の読みに顕著なつまずきのある1年生への集中的指導：通常の学級での多層指導モデル(MIM)を通じて．特殊教育学研究 47(1), 1-12.

海津亜希子・平木こゆみ・田沼実畝・伊藤由美・Sharon Vaughn（2008）読みにつまづく危険性のある子どもに対する早期把握・早期支援の可能性-Multilayer Instruction Model-Progress Monitoringの開発. LD研究, 17, 341-353.

梶川祥世・井上純子・佐藤久美子・兼築清恵・高岡明（2005）乳児に対する歌唱音声の音響的特徴．電子情報通信学会技術研究報告．TL, 思考と言語, 105(291), 19-24.

加藤弘美(2012)乳幼児における自己鏡像認知研究の近年の動向と今後の展望. 人間発達学研究第3号,1-8.

加藤哲文（1988）無発語自閉症児の要求言語行動の形成-音声言語的反応型の機能化プログラム-. 特殊教育学研究, 26(2), 17-28.

亀井雄一・岩垂喜貴（2012）子どもの睡眠. 保健医療科学, 61, 11-17.

Kearney, C. A. (2010) Helping Children With Selective Mutism and Their Parents: A Guide for School-Based Professionals. Oxford university press.

小林春美・佐々木正人編（2008）新・子どもたちの言語獲得. 大修館書店.

小林重雄・杉山雅彦（1984）自閉症児のことばの指導. 日本文化科学社.

Koterba, E. A. & Iverson, J.M. (2009) Investigating motionese: The effect of infant-directed action on infants' attention and object exploration. Infant Behavior and development, 32, 437-444.

行動分析学会（2001）ことばと行動-言語の基礎から臨床まで-.ブレーン出版.

子安増生（1999）幼児期の他者理解の発達-心のモジュール説による心理学的検討-. 京都大学学術出版会.

Kuhl, P. K., Tsao, F. M., & Liu, H. M. (2003) Foreign-language experience in infancy: Effects of short-term exposure and social interaction onphonetic learning. Proceeding of National Academy of Sciences, 100, 15, 9096-9101.

Kuhl, P. K., & Meltzoff, A. N. (1982) The bimodal perception of speech in infancy. Science, 218, 1138-1141.

Kuhl, P. K., Williams, K. A., Lacerda, F., Stevens, K. N., & Lindblom, B.

(1992). Linguistic experience alters phonetic perception in infants by 6 months of age. Science, 255, 606-608.

黒石純子・梶川祥世 (2008) 現代の家庭育児における子守唄の機能-0〜35か月児に対する母親の肉声による歌いかけとオーディオ等による音楽利用の比較検討-. 小児保健研究, 67, 714-728.

Legerstee, M. (1990) Infant use multimodal information to imitate speech sounds. *Infant behavior and development*, 13, 343-354.

Liszkowski, U., Carpenter, M., Henning, A., Striano, T., & Tomasello, M. (2004) Twelve-month-olds point to share attention and interest. *Developmental Science*, 7, 3, 297-307.

Liszkowski, U., Carpenter, M., Striano, T., & Tomasello, M. (2006). 12-and 18-month-olds point to provide information for others. *Journal of Cognition and Development*, 7, 2, 173-187.

Liszkowski, U., Carpenter, M., & Tomasello, M. (2007) Pointing out new news, old news, and absent referents at 12 months of age. *Developmental Science*, 10, 2, F1-F7.

Liu,H., Kuhl,P.K., & Tsao,F. (2003) An association between mothers' speech clarity and infants' speech discrimination skills. *Developmental Science*, 6, 3, F1-F10.

正高信男 (1993) 0歳児がことばを獲得するとき-行動学からのアプローチ-. 中公新書.

正高信男 (2001) 子どもはことばをからだで覚える-メロディから意味の世界へ-. 中公新書.

Lovaas, O. I. (2002) Teaching Individuals with Developmental Delays: Basic Intervention Techniques. Pro ed. 中野良顯 翻訳 (2011) 自閉症児の教育マニュアル. ダイヤモンド社.

Lovaas, O. I., Ackerman, A. B., Alexander, D., Firestone, P., Perkins, J., & Young, D. (1981) Teaching Developmentally Disabled Children: The Me Book. Austin, TX: Pro-Ed.

Matsuda, Y., Okanoya, K., & Myowa-Yamakoshi, M. (2013). Shyness in early infancy: Approach-avoidance conflicts in temperament and hypersensitivity to eyes during initial gazes to faces. *PLoS ONE*, 8, 6, e65476.

Matsuda, Y, Ueno, K, Waggoner, R. A., Erickson, D., Shimura, Y., Tanaka, K., Cheng, K., & Mazuka, R. (2011) Processing of infant-directed

speech by adults. *Neuroimage*, 54, 1, 611-621.
松井学洋・高田哲（2006）赤ちゃんの"バイバイ"はいつからどのようにするのか. 小児科47, 13, 2043-2048.
Mayea,J., Werkerb,J.F., & Gerkenc,L., (2002) Infant sensitivity to distributional information can affect phonetic discrimination. *Cognition*, 82, 3, B101-B111.
McGurk, H. & MacDonald, J. (1976) Hearing lips and seeing voices. *Nature*, 264, 746-748.
Meins, E., Fernyhough, C., Russell, J., & Clark-Carter, D. (1998) Security of attachment as a predictor of symbolic and mentalising abilities: A longitudinal study. *Social Development*, 7, 1-24.
Meins, E., Fernyhough, C., Wainwright, R., Clark-Carter, D., DasGupta, M., Fradley, E., & Tuckey, M. (2003) Pathways to understanding mind: Construct validity and predictive validity of maternal mind-mindedness. *Child Development*, 74, 1194-1211.
Meltzoff, A. N. (1995) Understanding the Intentions of Others: Re-Enactment of Intended Acts by 18-Month-Old Children. *Developmental Psychology*, 31, 5, 838-850.
Meltzoffand, A, N., & Moore, M, K. (1989) Imitation in Newborn Infants : Exploring the Range of Gestures Imitated and the Underlying Mechanisms. *Developmental Psychology*, 25, 6,954-962.
Moore, C. & Dunham, P. J. (Eds.) (1995) Joint Attention: Its Origins and Role in Development. Lawrence Erlbaum Associates. 大神 英裕訳（1999）ジョイント・アテンション-心の起源とその発達を探る-. ナカニシヤ.
NHK 放送文化研究所（2010）年国民生活時間調査.
https://www.nhk.or.jp/bunken/summary/yoron/lifetime/pdf/110223.pdf （accessed 2014-4-9）
日本小児保健協会（2011）平成22年度厚生労働科学研究費補助金育成疾患克服等次世代育成基盤研究事業.幼児健康度に関する継続的比較研究. 平成22年度総括・分担報告書.
Pascalis, O., De Schonen, S., Morton, J., Deruelle, C., & Fabre-Grenet, M. (1995) Mother's face recognition by neonates: A replication and an extension. *Infant Behavior and Development*, 18, 79-85.
Patterson, M. L., & Werker, J. F. (2003) Two-month-old infantsmatch pho-

netic information in lips and voice. *Developmental Science*, 6, 191-196.

Portmann, A. (1951) Biologische Fragmente zu einer Lehre vom Menschen. Verlag Benno Schwabe & Co.,Basel,. 高木正孝訳（1961）人間はどこまで動物か-新しい人間像のために-.岩波新書.

Rochat, P., Querido, J. G., & Striano,T. (1999) Emerging sensitivity to the timing and structure of protoconversation in early infancy. *Developmental Psychology*, 5, 4, 950-957.

Rochat, P. & Striano, T. (2002) Who is in the mirror: Self-other discrimination in specular images by 4-and 9-month-old infants. *Child Development*, 73, 35-46.

Sage, R., & Sluce, A. (Eds) (2004) Silent children: Approaches to selective mutism. Leicester. 杉山信作監訳（2009）場面緘黙へのアプローチ-家庭と学校での取り組み-.田研出版株式会社.

白石正久（1994）発達の扉〈上〉-子どもの発達の道すじ-. 大月書店.

白石正久（1996）発達の扉〈下〉-障害児の保育・教育・子育て-. 大月書店.

Sorce, J. F., Emde, R. N., Campos, J., & Klinnert, M. D. (1985) Maternal emotional signaling: Its effect on the visual cliff behavior of 1-years-olds. *Developmental Psychology*, 21, 195-200.

総務省（2012）平成23年社会生活基本調査生活時間に関する結果-結果の概要-.

http://www.stat.go.jp/data/shakai/2011/pdf/houdou2.pdf （accessed 2014-4-9）

Spelke, E. (1979) Intermodal exploration and knowledge in infancy. *Infant Behavior and Development*, 2, 13-27.

Stevenson, J., & Fredman, G. (1990) The social environmental correlates of reading ability. Journal of Child Psychology and Psychiatry, 5, 681-698.

Symons, D. K. (2004) Mental state discourse, theory of mind, and the internalization of self-other understanding. *Developmental Review*, 24, 159-188.

玉川大学赤ちゃんラボ編（2012）なるほど!赤ちゃん学. 新潮社.

田中昌人（1985）乳児の発達診断入門. 大月書店.

田中昌人・田中杉恵(1981) 子どもの発達と診断 1乳児期前半. 大月書店.

田中昌人・田中杉恵(1982) 子どもの発達と診断 2乳児期後半. 大月書店.

田中昌人・田中杉恵(1984) 子どもの発達と診断 3幼児期Ⅰ. 大月書店.

田中昌人・田中杉恵(1986) 子どもの発達と診断 4幼児期Ⅱ. 大月書店.

田中昌人・田中杉恵(1988) 子どもの発達と診断 5幼児期Ⅲ. 大月書店.

谷晋二（2012）はじめはみんな話せない-行動分析学と障がい児の言語指導. 金剛出版.

Tinbergen, N. (1951) The study of instinct. New York: Oxford University Press. 永野為武訳(1975)「本能の研究」. 三共出版.

Tomasello, M. (1999) The cultural origins of human cognition. Cambridge, MA: Harvard University Press. 大堀壽夫・中澤恒子・西村義樹・本多啓 訳（2006）. 心とことばの起源を探る-文化と認知-. 勁草書房.

Tomasello, M. (2003) Constructing a language: A usage-based theory of language acquisition. Cambridge, MA: Harvard University Press. 辻幸夫・野村益寛・出原健一・菅井三実・鍋島弘治朗・森吉直子 訳（2008）ことばをつくる-言語習得の認知言語学的アプローチ. 慶應義塾大学出版会.

Tomasello, M. (2008) The Origins of Human Communication. Cambridge, MA; London, England: MIT Press.

Tomasello, M. (2009) Why we cooperate. Cambridge, MA: The MIT Press. 橋彌和秀 訳（2013）ヒトはなぜ協力するのか. 勁草書房.

Tomasello, M. & Camaioni, L. (1997) A comparison of the gestural communication of apes and human infants. *Human Development*, 40, 7-24.

Tomasello, M. & Farrar, M. J. (1986) Joint attention and early language. *Child Development*, 57, 6, 1454-1463.

Tomasello & Kruger (1992) Joint attention on actions: acquiring verbs in ostensive and non-ostensive contexts. *Journal of Child Language*, 19, 311-333.

Whitehurst, G. J., Falco, F., Lonigan, C. J., Fischel, J. E., DeBaryshe, B. D., Valdez-Menchaca, M. C., & Caulfield, M. (1988) Accelerating language development through picture-book reading. *Developmental Psychology*, 24, 552-558.

百合本仁子（1981）「1歳児における鏡像自己認知の発達」.教育心理学研究, 29, 261-266.

おわりに

　本書は、ある出版社から「ことばのプログラム」の執筆依頼があり、書き下ろしたものです。もっとも私への依頼ではなく、他の先生が忙しくて書けないということで、私に回ってきたものです。

　あいにく「ことばのプログラム」の執筆を引き受けるつもりはなかったので、出版社の企画に半分乗りながらも、別の企画として執筆をしたいと申し入れました。半信半疑の編集者に、はじめの３話を書き、読んでもらったところ最後まで書き進めよということになりました。もっとも最終的には企画方針の違いの穴は埋められず、出版間際で世に出ることは見送られたのですが……。

　目の前に残された原稿をどうするか。このままホームページで公開することも考えましたが、この際、自分の足跡をしっかりと書き留めておこうと、さらに加筆修正することになりました。幸い、ジアース教育新社より出版してもよいというお話をいただきました。

　編集作業もいよいよ大詰めを迎えた頃、「義父が亡くなった」と妻から連絡がありました。実は本書の中のエピソードを執筆する中で、私の頭に頻繁に浮かんできたのが長男と義父のやりとりでした。浅草生まれの生粋の江戸っ子である義父は、祭り好きで、とても情に厚く、そして気の短い人でした。でも、孫にはとことん甘く、いつでも息子たちのよい遊び相手になってくれました。そして横には、常に義母が寄り添ってくれていたのです。

　こんなエピソードがあります。次男の出産のため、長男は数ヵ月の間、妻の実家で義父母と共に生活をしていた時のことです。

　なにやら居間が静かなのでのぞいてみると、義父がスポーツ新

聞を片手に赤ペンで深刻な顔をして競馬の予想をしていたのです。その横で、息子がこれまた新聞を片手に、赤ペンを握りなにやらつぶやいていました。思わず笑いました。まだ2歳半頃のことです。葬儀の最中、次から次へとこんなエピソードが浮かんできました。

　私の父も7年前に、既にこの世を去っています。この本を書きながら、自分の子育てを振り返りながらも、自分自身の子どもの頃を思い出すことが度々ありました。私も、父母の様々な「想い」につつまれていたと感じられるようになったのは歳のせいでしょうか。

　この本の中で、一貫して私が伝えたかったことは、人のこころの発達や、ことばの発達には、常に多くの「人の想い」「人の繋がり」という、目には見えないものの存在があるということです。そして、この「想い」や「繋がり」の中で、人は生かされていることを、改めて感じることができました。

　発達相談員として悩み、もがいていた私に、根気強くこの仕事のやりがいについて説いてくれた先輩の相談員。そして当時、同じ職場で汗を流した上司や同僚、部下。彼らの「想い」と「繋がり」が、今でも私の仕事の支えとなっています。

　新潟へ単身赴任をして、この秋で丸9年になろうとしています。その間、私を変わらず支えてくれている妻の和子、そしてこの本の主人公でもある二人の息子、創太郎、絃太に感謝するとともに、果たして、私の「想い」は彼らに届いているのだろうかと一抹の不安を感じる今日この頃なのです。

　　　　　　2015年　夕焼けが美しい梅雨明け間近の新潟にて
　　　　　　　　　　　　　　　　　　　　　　　　有川　宏幸

〈著者〉
有川　宏幸（ありかわ・ひろゆき）

1969年、千葉県生まれ。筑波大学大学院教育研究科障害児教育専攻修了。1995年、岸和田市児童福祉課発達相談員兼心理判定員として勤務。2004年より岸和田市立保健センター発達相談員。2006年10月より新潟大学教育学部准教授。臨床発達心理士。専門は、応用行動分析学、障害児心理学。大学での講義のかたわら、保育所や幼稚園、学校、成人福祉施設、地域活動等において、障害のある人達に対し十分な理解を持ちながら、彼らの社会参加を支える人材の育成に尽力している。2004年、日本特殊教育学会実践研究賞受賞。著書に「障害児保育」（分担執筆）2008年、建帛社、「ＤＶＤで学ぶ応用行動分析学入門」2013年、中島映像教材出版など。

発達が気になる乳・幼児の
こころ育て、ことば育て

平成27年11月19日　初版第1刷発行
令和5年3月1日　オンデマンド版　第1刷発行

著　者　有川　宏幸
発行者　加藤　勝博
発行所　株式会社ジアース教育新社
　　　　〒101-0054　東京都千代田区神田錦町1-23 宗保第2ビル5階
　　　　電話 03-5282-7183　　FAX 03-5282-7892
　　　　E-mail:info@kyoikushinsha.co.jp
　　　　ホームページ（http://www.kyoikushinsha.co.jp/）

定価はカバーに表示してあります。
乱丁・落丁などの不良本はお取替えいたします。
カバーデザイン・マンガ・DTP　株式会社彩流工房
ISBN978-4-86371-326-0

Printed in Japan